FEMINISMUS – UND MORGEN?

Gleichstellung jetzt

Inge Wettig-Danielmeier

Katharina Oerder

vorwärts | buch

ISBN 978-3-86602-926-2

Feminismus – Probleme von gestern?

Inge Wettig-Danielmeier

Geschichtlicher Hintergrund

Die Bundesministerin für Familie, Senioren, Frauen und Jugend, Kristina Schröder, gibt dem *SPIEGEL* ein Interview und enthüllt ihre sehr einfachen Vorstellungen vom Feminismus in Vergangenheit und Zukunft, provoziert vor allem Alice Schwarzer, die für sie der Prototyp des überholten Feminismus ist. Alice Schwarzer wehrt sich, bekannt scharfzüngig. Und pünktlich zum 11.11.2010 eröffnen deutsche Gazetten einen Streit über Feminismus, der erschreckend deutlich zeigt, wie gering die Sensibilität für das Problem der Gleichstellung von Frau und Mann geworden ist oder immer noch ist.

Der *Rheinische Merkur* googelt am 11.11.2010 unter den Stichworten *Frauen* und *Männer* und kommt danach zu dem Schluss „Frauen sind also quantitativ überlegen, dafür werden ihre Qualitäten auf voremanzipatorisches Maß reduziert. Das Internet hat den großen Unterschied, den Alice Schwarzer einst beklagte, noch betont."

Die Zeit tritt in diesem Konflikt gleich mit drei Autoren an: Jens Jessen, Friederike Schröter und Jan-Martin Wiarda. Dabei versucht Jens Jessen eine humorvolle, ausgewogene Stellungnahme zwischen den beiden Kombattantinnen Kristina Schröder und Alice Schwarzer, unter Würdigung des Erreichten und mit Hinweis auf noch offenes in der Gleichstellungsfrage. Friederike Schröter erklärt uns, dass eigentlich ein Frauenministerium nicht mehr nötig, Emanzipation erreicht, jedenfalls kein Thema mehr und der Feminismus überflüssig geworden ist. Frau fragt sich: Auf welchem Stern lebt die Dame?

Wer als Frau mit Kindern einen qualifizierten Job sucht, wird immer noch sehr schnell und sehr unsanft an die Grenzen der Wahlmöglichkeiten geführt. Und die Frau, „die mit ihren drei Kindern im Potsdamer Reihenhäuschen" sitzt und in Zufriedenheit mit der Wahlfreiheit ihres Gatten harrt, könnte sehr schnell die Grenzen der Unterhaltspflicht desselben zu spüren bekommen.

Ganz und gar auf einen anderen Planet führt uns Jan-Martin Wiarda. Er meint Frauen würden bei Neueinstellungen generell bevorzugt. Gelegentlich mag es stimmen, dass eine Firma oder eine Behörde mehr Frauen einstellt als üblich. In der Regel, weil Frauen dort skandalös unterpräsentiert sind und das gerade wieder aufgefallen ist. Meist erlahmt der Eifer solcher Personalchefs schnell, zumal die Einstellungskriterien sich nach wie vor an männlichen Bewerbern orientieren.

Generell wird in den Medien aber durchgängig festgehalten: Es hat sich manches verändert. Frauen haben mehr Chancen, aber es bleibt noch einiges zu tun. So schreibt *Der Freitag* im Zusammenhang mit der demografischen Entwicklung: „Nicht auszudenken, was geschähe, wenn genug Kitas geschaffen und den ganzen Tag geöffnet blieben, wenn Arbeitszeiten und -formen Vätern und Müttern mehr und gleichen Freiraum für Kinder gäben, und wenn die Männer endlich begriffen, was es bedeutet, moderne Frauen wirklich gleichberechtigt zu unterstützen. …" Das genau sind die Defizite zur Emanzipation.

Das heißt ja wohl *Feminismus* mag veraltet erscheinen, aber die Ziele sind jedenfalls nicht überholt, weil sie erreicht wären. Die Ziele sind auch nicht überholt, weil an ihre Stelle andere verfassungskonforme Ziele getreten wären. Feminismus ist nach der Definition von *Meyers Lexikon* (1979) die Frauenbewegung, „die die Befreiung der Frau von gesellschaftlicher Diskriminierung und Unterdrückung durch Veränderung der gesellschaftlichen Verhältnisse und damit der geschlechtsspezifischen Rollen erstrebt".

Heute sagt *Wikipedia:* „Feminismus ist eine Sammelbezeichnung für heterogene Konzepte, die die Rechte und Interessen von Frauen thematisieren. Von der gesellschaftlichen Ungleichheit zwischen Mann und Frau ausgehend, zielt der Feminismus auf eine verbesserte Lage der Frau und ihre faktische Gleichstellung in der Gesellschaft. Unter dem Begriff Feminismus werden zahlreiche, teilweise auch gegenläufige Strömungen zusammengefasst." Aber es bleibt dabei, die Ziele des Feminismus sind die Ziele unserer Verfassung. Und wie sie erreicht werden, das kann auf unterschiedliche Weise geschehen.

Während die *Weimarer Verfassung* feststellte: „Männer und Frauen haben grundsätzlich dieselben staatsbürgerlichen Rechte und Pflichten" heißt es im *Grundgesetz der Bundesrepublik Deutschland:* „Männer und Frauen sind gleichberechtigt" als unmittelbar geltendes Recht. Die Gleichberechtigung der Frau gilt auch gegenüber Dritten und bedarf keiner zusätzlichen Gesetze. Deshalb konnte das Bundesverfassungsgericht schon in der für Frauen finsteren Adenauerzeit Urteile zugunsten der Frauenrechte, zum Beispiel beim Elternrecht fällen.

Kristina Schröder sollte sich genauer damit befassen, wenn sie ihren Eid und ihre Aufgabe ernst nimmt. Die Ergänzung im Grundgesetz „Der Staat fördert die tatsächliche Durchsetzung der Gleichberechtigung von

Frauen und Männern und wirkt auf die Beseitigung bestehender Nachteile hin" harrt jedenfalls der weiteren Ausfüllung.

Mit der *Freiheitsbewegung des 18. Jahrhunderts*, der Diskussion der Menschenrechte, werden auch die Rolle der Frau, ihre staatsbürgerlichen Rechte und Pflichten und interessanterweise ihr Recht auf Bildung zum Thema.

Am 3. November 1793 starb Olympe de Gouges in Paris unter der Guillotine. Verurteilt wurde sie vor fast 220 Jahren als politische Schwerverbrecherin. Die damals 45-jährige Schriftstellerin hatte 1791 eine „Erklärung der Rechte der Frau und Bürgerin" verfasst und veröffentlicht. Sie verlangte, dass die in der Französischen Revolution proklamierten Menschenrechte auch Frauen zustünden, nicht nur Männerrechte seien. „Die Frau ist frei geboren und bleibt dem Manne ebenbürtig in allen Rechten". Die 17 Artikel ihrer Frauenrechtserklärung schlagen einen erstaunlich modernen Rechtsstaat vor, mit gleichen Wahl- und Vertretungsrechten. Wahrscheinlich provozierender als dieser Katalog ist der „Entwurf eines Gesellschaftsvertrages zwischen Mann und Frau". Er konkretisiert die Folgen der Gleichheit und Freiheit der Frau für Ehe und Familie, verlangt die Verbindung aus freiem Willen und volle Gütergemeinschaft. Die Kinder beider Partner sollen unterschiedslos anerkannt werden und erben, aus welcher Verbindung auch immer sie stammen. Damit werden die Familie und ihr jahrhundertealtes Lügengespinst zentral getroffen.

Olympe de Gouges, die sich wenigstens Einfluss auf die Nachwelt erhofft hatte, wurde konsequent vergessen. Erst Ende der 1970er-Jahre, 185 Jahre nach ihrem Tod, werden ihre Texte zum ersten Mal in Deutschland veröffentlicht. Sie teilt dieses Schicksal mit vielen Frauen, auch in neuerer Zeit. Ihre Gedanken werden jedoch wieder aufgegriffen und weiterverfolgt. Charles Fourier ist als Zeitgenosse von de Gouges überzeugt, dass der Grad der Befreiung der Frau der Maßstab für die Entwicklung einer Gesellschaft ist. Gottlieb Theodor von Hippel veröffentlicht 1792 in der Voßischen Buchhandlung „Von der bürgerlichen Verbesserung der Weiber" und beruft sich auf Olympe de Gouges. Amalia Holst „Über die Bestimmung des Weibes zur höchsten Geistesbildung" (1802) knüpft an von Hippel an. Die Romantiker, die Brüder Schlegel und Novalis, erhoben sich – nicht sehr nachhaltig – zu Sprechern der Frauenrechte. Sie lobten die geistigen Fähigkeiten der Frauen und nutzten ihr intellektuelles Potenzial und ihre hausfraulichen Leistungen.

Die *Revolution von 1848* hatte nur die Männer im Blick und selbstverständlich keine Frauen im Paulskirchenparlament. Ab 1848 tritt Louise Otto-Peters als Frauenrechtlerin an die Öffentlichkeit mit ihrer Zeitschrift *Dem Reich der Freiheit werb' ich Bürgerinnen.* Mitte des 19. Jahrhunderts beginnt die Zeit der Frauenrechtsbewegung, in der vor allem Frauen arbeiten – aber auch Männer – und die von vielen Männern unterstützt wurde. An der Gründungskonferenz des von Louise Otto-Peters 1865 ins Leben gerufenen *Allgemeinen Deutschen Frauenvereins* nahm unter anderem August Bebel teil, der spätere Vorsitzende der Sozialdemokratischen Partei Deutschlands. Er ist fortan ein vehementer Verfechter der Gleichstellung der Frau.

Die Frauenrechtsbewegung konzentriert sich zwar weltweit auf die staatsbürgerliche und rechtliche Gleichstellung von Frauen und Männern, in Deutschland steht aber auch das Recht auf Arbeit an vorderster

Stelle, ebenso wie die Stellung der Frau in der Familie. Man kann mit Fug und Recht von einer feministischen Bewegung sprechen.

Der *Allgemeine Deutsche Frauenverein* erklärte auf seiner Gründungsversammlung: „Die Arbeit, welche die Grundlage der ganzen neuen Gesellschaft sein soll, für eine Pflicht und Ehre des weiblichen Geschlechts, sie nimmt dagegen das Recht der Arbeit in Anspruch und hält es für notwenig, dass alle der weiblichen Arbeit im Wege stehenden Hindernisse entfernt werden".

Der *Verband Deutscher Arbeitervereine* unterstützt diese Forderung der Frauen; die Sozialdemokraten um Ferdinand Lassalle waren dagegen der Meinung, die Lage der Frau könne nur durch die Lage des Mannes verbessert werden. Sie forderten deshalb das allgemeine Stimmrecht auch nur für Männer. Die Frauenerwerbstätigkeit blieb ein Streitpunkt in der Sozialdemokratie. Programmatisch legte erstmals das *Erfurter Programm* 1891 die Forderung nach Gleichstellung der Frau im politischen und wirtschaftlichen Leben fest. Gefordert wird jetzt das allgemeine Wahlrecht für Männer und Frauen.

Die Frage der Berufstätigkeit der Frau blieb in der Sozialdemokratie dennoch ein ganzes Jahrhundert umstritten. Karl Marx ging davon aus, dass die Erwerbsarbeit die notwendige Voraussetzung für die Emanzipation der Frau sei, Bebel hielt es in seinem Buch „Die Frau und der Sozialismus" für unabdingbar, die soziale und gesellschaftliche Abhängigkeit der Frauen von der Männerwelt zu beseitigen: „Es gibt keine Befreiung der Menschheit ohne die soziale Unabhängigkeit und Gleichheit der Geschlechter". Dieses Buch war eines der meist gelesenen Bücher seiner Zeit. Es wurde zur Bibel der Sozialdemokratie. Trotz Verbreitungsverbots unter dem Sozialistengesetz erlebte es acht Auflagen und entfaltete eine große Wirkung in der Sozialdemokratie. Auch nach 1890 wird es immer wieder neu aufgelegt. Die übrige Gesellschaft war weit von solchen Überzeugungen entfernt. Als August Bebel „Die Frau und der Sozialismus“ veröffentlichte, spottete der Dichter Paul Scheerbart, ein Buch über „Das Pferd und der Sozialismus“ sei dringender. Unqualifizierte Äußerungen zur Gleichstellung von Mann und Frau begleiten uns nicht erst heute.

Die *Frauenbewegung des 19. Jahrhunderts* konzentriert sich auf die staatsbürgerlichen Rechte, auf das Wahlrecht; dabei gibt es durchaus Unterschiede. Während die Arbeiterbewegung und ihre Frauen das gleiche und geheime Wahlrecht für Frauen und Männer fordern, setzen die meisten bürgerlichen Frauen auf das Frauenwahlrecht an sich, auch wenn es abhängig ist von Vermögen und Einkommen der Wahlberechtigten. Auch Emmeline Pankhurst, die in Großbritannien eine der bekanntesten Kämpferinnen für Frauenrechte war – und 1914 „Ein Leben für die Rechte der Frauen schrieb –, setzte zunächst auf das allgemeine Wahlrecht und erst im zweiten Schritt auf ein gleiches Wahlrecht. Dennoch ließ auch die liberale Partei Großbritanniens die Frauen immer wieder abblitzen. Weder Demonstrationen, Eingaben noch Hunger- und Durststreiks konnten das Parlament erweichen. Die Frauen landeten im Gefängnis, erst recht, als sie zu allerdings ungefährlichen Mitteln wie Brandlegungen und Sprengstoff griffen.

Die weiteren Forderungen neben dem Frauenwahlrecht waren sehr unterschiedlich. Die bürgerliche Frauenbewegung wollte vor allem die Verbesserung der sozialen Lage der Frauen und eine bessere Ausbildung der

Mädchen. Der *Allgemeine Deutsche Frauenverein* von Luise Otto-Peters war eine Ausnahme, wenn er so dezidiert das Recht auf Arbeit und Arbeitsplatz verlangte. Luise Otto-Peters appelliert bereits 1848 an den sächsischen Innenminister und die von ihm berufene Arbeiterkommission: „Meine Herren, wenn Sie sich mit … der Organisation der Arbeit beschäftigen, so wollen Sie nicht vergessen, daß es nicht genug ist, wenn Sie die Arbeit für die Männer organisieren, sondern daß Sie dieselbe auch für Frauen organisieren müssen, weil die Frauen nur zu wenig Arten von Arbeit zugelassen sind, die Konkurrenz in denselben die Löhne so heruntergedrückt hat, daß … das Los der Arbeiterinnen noch ein viel elenderes ist als das der Arbeiter …. Nun kann man zwar sagen: Wenn die Männer künftig besser als jetzt bezahlt werden, so können sie auch besser für ihre Frauen sorgen und diese sich der Pflege ihrer Kinder widmen, statt für andere zu arbeiten. Einmal fürchte ich, wird das Los der arbeitenden Klasse nicht gleich in diesem Maße verbessert werden können, dann bleibt immer noch die große Schar der Witwen und Waisen, auch der erwachsenen Mädchen überhaupt … . Ferner heißt dies aber auch, die eine Hälfte der Menschheit für Unmündige und Kinder zu erklären und von der anderen ganz und gar abhängig zu machen."

Diese Position der *bürgerlichen* Otto-Peters hat sich schließlich in Deutschland bei sozialdemokratischen Frauen endgültig 1977 durchgesetzt, in der SPD programmatisch mit dem *Berliner Programm* 1990, in der bundesrepublikanischen Gesellschaft nur teilweise. Unter dem Stichwort Vereinbarkeit von Beruf und Familie wird es immer noch diskutiert. Das von der CSU durchgesetzte Betreuungsgeld für Mütter, die ihre Kinder nicht in die Kita schicken, ist der massive Versuch, Frauen am Herd zu halten und in Abhängigkeit vom Ehemann.

Die Frauenbewegung, der Feminismus als Handlungskonzept, die Emanzipationsbewegung des 19. Jahrhunderts befassten sich also vorrangig mit dem Wahlrecht, staatsbürgerlichen Rechten, mit Bildung und Ausbildung, mit sozialer Hilfe und mit dem gleichen Recht auf Arbeit. Diese praktischen Themen stehen bis heute auf der Agenda der Frauen, jedenfalls der Feministinnen. Dabei kann es erhebliche Unterschiede in der Herangehensweise, also auch in der Ausgestaltung der Ziele geben.

Die CDU-Frauenministerin hat sich mokiert über Simone de Beauvoir, die 1949 in „Das andere Geschlecht" feststellte, dass der Unterschied der Geschlechter eher kultur- als naturbedingt sei. Und dass die behaupteten Unterschiede größtenteils der Unterdrückung der Frau dienten. *„Man kommt nicht als Frau zur Welt, sondern wird dazu gemacht.“* Normen, Sitten, Moralvorstellungen machen Frauen zu Abhängigen und Unterdrückten, insbesondere der Muttermythos.

Was de Beauvoir feststellte, wurde als Skandal empfunden. Albert Camus sprach von einer Beleidigung des romanisch-sprachigen Mannes. Der Vatikan setzte das Werk auf den Index wegen der *„unmoralischen Doktrinen, die die guten Sitten und die Heiligkeit der Familie mit Füßen treten"*. Verboten wurde das Buch sofort in Spanien und der Sowjetunion. Heute wäre eine solche Reaktion nicht mehr möglich in Europa. Wir sind einen weiten Weg gegangen. De Beauvoir hat weltweit die feministische Bewegung des 20. Jahrhunderts geprägt – auch die sozialdemokratischen Frauen.

Dennoch hat in der Auseinandersetzung auch die Gegenmeinung, wonach es naturgegebene Wesenszüge von Frauen gebe, die sich weitgehend unabhängig von Kultur und Geschichte entwickelt haben, eine Rolle gespielt. Die größere Friedfertigkeit von Frauen zum Beispiel ist immer wieder behauptet worden, ebenso die einmalige Mütterlichkeit. In ihren Zielvorstellungen und in der praktischen Politik hat Simone de Beauvoir die stärkere Ablehnung erfahren, aber dennoch die größere Durchschlagskraft entwickelt.

Gleiche staatsbürgerliche Rechte

Als das 20. Jahrhundert begann, erwarteten die Menschen, dass es ein Jahrhundert der Frau würde. Die Geschlechter würden frei und ungezwungen miteinander umgehen. Das war geschwärmt, aber es entsprach einer Aufbruchstimmung, die mit der Weltausstellung in Paris einherging.

Immerhin, im April 1909 nimmt der Reichstag das *Gesetz über das Vereins- und Versammlungsrecht* an. Zum ersten Mal wird Frauen gestattet, sich in politischen Vereinen zu organisieren. Damit können Frauen reichsweit ganz offiziell Mitglied in einer Partei werden. Die SPD beschließt, die Frauen in ihren Reihen angemessen zu beteiligen, auch in den Vorständen. Mit Luise Zietz kommt die erste Frau in den Parteivorstand der SPD. Die SPD bringt weiterhin wie in den 1890er-Jahren im Reichstag Gesetzentwürfe zur Einführung des allgemeinen gleichen und direkten Wahlrechts ein.

Diese werden stets mit Hohn und Spott aller anderen Parteien abgelehnt, selbst noch im Ersten Weltkrieg. Zum 1. Internationalen Frauentag starten 1911 die sozialdemokratischen Frauen mit dem Aufruf „Heraus mit dem Frauenwahlrecht“. Überall im Reich demonstrieren Zigtausende Frauen und Männer. Diese durchgängige Politik ist es, die die junge Sozialistin Toni Sender zu der starken Feststellung bringt: *„Ein Sozialist ist ein Feminist. Wenn er kein Feminist ist, ist er auch kein Sozialist“.* Und: die Sozialdemokraten halten ihr Wort!

Nach der Revolution 1918 verfügt der aus Sozialdemokraten bestehende *Rat der Volksbeauftragten,* die Übergangsregierung des Deutschen Reiches, das aktive und passive Wahlrecht für alle Staatsbürger, Männer und Frauen. Weitergehende Forderungen werden von der 1919 gewählten Nationalversammlung erschwert. Die *Weimarer Reichsverfassung* schränkt ein: „Männer und Frauen haben grundsätzlich dieselben staatsbürgerlichen Rechte und Pflichten“. Die anderen Parteien in der Nationalversammlung sind nach wie vor keine Anhänger des Frauenwahlrechts und der Emanzipation der Frau.

Eine der aktivsten sozialdemokratischen Parlamentarierinnen der Weimarer Republik, Marie Juchacz, stellte rückblickend fest: „Dem nun endlich Tatsache gewordenen Frauenwahlrecht standen wir ziemlich unvorbereitet gegenüber. ... die bürgerliche Frauenbewegung ... war ... für die (parlamentarische) Arbeit viel besser geschult ..., denn sie hatte die durchschnittlich bessere Vorbildung und die reicheren materiellen Mittel. Diese Erkenntnis war für uns Sozialistinnen erschütternd“. Bis auf einige Ausnahmen hatten die ersten sozialdemokratischen Parlamentarierinnen nur die Volksschule – ganz wenige eine Mittel- oder Berufsschule – besucht. Als Beruf gaben sie Hausangestellte, Fabrikarbeiterin oder Schneiderin an, einige auch *Hausfrau oder Ehefrau oder Hausfrau und Mutter.*

Allerdings: Die bessere Ausbildung der sogenannten bürgerlichen Frauen bedeutete nicht größere Fortschritte. Sie wurden durch die Vorurteile ihrer eigenen Parteien behindert. Während die Frauen im Reichstag sich der Sozialpolitik, dem Abtreibungsparagraphen und der beruflichen Gleichstellung der Frau zuwenden, beginnt die massenhafte Entlassung der Frauen von ihren Arbeitsplätzen. Die werden jetzt für die aus dem Krieg zurückkehrenden Männer gebraucht. Praktisch werden die programmatischen Beschlüsse der SPD zur Frauenarbeit damit aufgehoben. Die sozialdemokratische Frauenbewegung ist beeinträchtigt. Frauen übernehmen ehrenamtliche Tätigkeiten. Dennoch führt die sinkende Erwerbstätigkeit und die Enttäuschung vieler Frauen über die Politik ihrer Partei zu einem drastischen Rückgang der Zahl weiblicher Mitglieder und Funktionärinnen. Trotzdem machen sich viele Frauen in Deutschland auf und gestalten ihr Leben wie es bis dahin nur Männern zugestanden wurde.

Aufbruchstimmung und Emanzipation der Frau werden zerstört durch den *Nationalsozialismus.* Die nationalsozialistische Ideologie drängt sie zurück in die Rolle der Hausfrau und Mutter bis die Frauen im Zweiten Weltkrieg erneut als Arbeitskräfte mobilisiert werden. Danach backen die Frauen wieder kleine Brötchen und machen ihre Arbeitsplätze ab 1945 frei für die aus dem Krieg zurückkehrenden Männer.

Sie versinken mit ihrer *Die Frau gehört ins Haus*-Ideologie in die für Frauen nur graue *Adenauerzeit.* Die Gleichstellungsforderungen der SPD sind moderat, bleiben aber ungehört im Deutschen Bundestag. Die Frauen der SPD arbeiten zurückgezogen an sozialen Fragen.

Nur eine Frau setzt einen Lichtpunkt: Elisabeth Selbert, Vertreterin des Landes Niedersachsen im Parlamentarischen Rat und engagierte Sozialdemokratin, gelingt es 1949, den Artikel 3 des Grundgesetztes eindeutig festzulegen: *Männer und Frauen sind gleichberechtigt. Niemand darf wegen seines Geschlechts, … benachteiligt oder bevorzugt werden.*

Es galt, die anderen drei Frauen im Parlamentarischen Rat zu überzeugen, dass es notwendig war, über die Regelung der Weimarer Reichsverfassung hinauszugehen, und – viel schwieriger – es galt, die übrigen Mitglieder des Parlamentarischen Rats – auch die Sozialdemokraten – zu überzeugen. Selbert konnte Gewerkschaften und Frauenverbände mobilisieren und deren Petitionen gaben schließlich den Ausschlag. Das Bundesverfassungsgericht hatte damit die Grundlage für eine alles in allem fortschrittliche Rechtsprechung gegen die unendlich konservative Unionspolitik Adenauers und seiner Familienminister gelegt – in vorderster Linie Franz-Josef Wuermeling.

Selbert hatte zwar für die Frauen und für die SPD eine der wichtigsten Schlachten erfolgreich geschlagen, aber gut bekommen ist ihr das nicht. Die politisch begabte und fachlich versierte Juristin war nach diesem Einsatz politisch am Ende. Weder wurde sie Bundestagsabgeordnete noch Mitglied eines Landtags oder erhielt sonst ein wichtiges politisches Amt. Sie wurde zunächst konsequent vergessen.

Erst eine neue Generation von Frauen erinnerte sich ihrer und holte sie Anfang der 1980er-Jahre aus der Vergessenheit. Danach stiftete das Land Hessen sogar einen

Elisabeth-Selbert-Preis, der allerdings nicht für politisch wichtigen Einsatz vergeben wird, schon gar nicht für frauenpolitischen. Die Tat wurde gelobt, die Täterin erfuhr Liebesentzug.

In den *1970er- und 1980er-Jahren* wurde immer deutlicher, dass die Frauen zwar das aktive Wahlrecht wahrnahmen, aber für die Wahrnehmung des passiven Wahlrechts kaum Chancen bekamen. Die Parteien hatten in der Regel eine Alibi-Frau auf ihren Wahllisten, gelegentlich mehr. Als ich 1972 in den Niedersächsischen Landtag nachrückte, war ich die zweite Frau unter 75 Abgeordneten der SPD. Als Expertin für Hochschul- und Schulfragen war ich ohnehin Exotin, also doppelte Sonderrolle in einer Landtagsfraktion. Die Handlungsmöglichkeiten der meisten Frauen in der Politik waren sehr eingeschränkt. Es blieb Frauen in dieser Situation nur, sich linientreu hochzudienen oder sich nach mehr gleichgesinnten Frauen umzusehen. Letzteres habe ich dann durch meine Arbeit in und mit der Arbeitsgemeinschaft Sozialdemokratischer Frauen getan.

Der neue Anlauf im zähen Kampf um die Gleichstellung in der eigenen Partei und damit in politischen Funktionen begann mit heftigen Forderungen einiger junger SPD-Frauen auf den Frauenkonferenzen 1968 und 1970, es folgte die Gründung der *Arbeitsgemeinschaft Sozialdemokratischer Frauen* 1972, zunächst gegen die Vorbehalte der SPD-Frauen, die schon höhere Funktionen erreicht hatten. Die heftige Diskussion schob dennoch die zähe Parteiorganisation an. Die 1969 mit der FDP übernommene Regierung in Bonn eröffnete auch Möglichkeiten, die bleierne Adenauerzeit endgültig zu überwinden. Im Parlament wurden Reformen durchgesetzt, die frischen Wind brachten.

Im BGB wurde das Recht beider Ehepartner auf Berufstätigkeit und Gleichbehandlung am Arbeitsplatz verankert. (Zur Erinnerung: Bis dahin konnte der Ehemann die Erwerbstätigkeit erlauben oder verbieten.) Im Scheidungsrecht wurde das Schuld- durch das Zerrüttungsprinzip abgelöst, einen Unterhaltsanspruch erhielt der Partner, der nach der Scheidung nicht für sich selbst sorgen kann. Die während der Ehe erworbenen Anrechte auf Altersversorgung wurden zu gleichen Teilen auf beide Partner aufgeteilt. Die Eltern erhalten gemäß dem Verfassungsgerichtsurteil gleiche Rechte in Erziehungsfragen, sie vertreten ihre Kinder gemeinschaftlich. Der Abtreibungsparagraf wird reformiert, wenn auch unzureichend als Indikationslösung.

Ende der 1970er-Jahre konnte die ASF Bundeskanzler Helmut Schmidt von der Notwendigkeit einer Bundesgleichstellungsbeauftragen überzeugen. Und von da an werden auch in den Ländern und Kommunen Gleichstellungsbeauftragte geschaffen. Dies alles brachte Schwung in die verkrustete *Frauenfrage.* Gleichzeitig verlangten die SPD-Frauen endlich die Komplettierung der staatsbürgerlichen Gleichstellung der Frau durch tatsächliche Ermöglichung des passiven Wahlrechts. Hier musste vor allem die SPD selbst sich verändern. Und es bedurfte größerer Hartnäckigkeit und Durchhaltekraft als wir es uns je gedacht hätten.

Allein die Aufforderung Willy Brandts an alle Parteimitglieder, ihre Frauen auch als Mitglieder zu werben, um mehr Frauen für die politische Arbeit zu gewinnen, führte zu heftigen Diskussionen und Protesten – und offener Aggression wo immer der Parteivorsitzende an Versammlungen teilnahm. Er blieb konsequent und genauso hartnäckig wie die ASF-Frauen. Als 1979 das erste

Europaparlament gewählt wurde, machte Willy Brandt seine Spitzenkandidatur davon abhängig, dass 25 Prozent der erfolgversprechenden Listenplätze mit Frauen besetzt würden. Das geschah. Glücklicherweise wurden wir nicht nur vom Vorsitzenden, sondern auch von seinem Nachfolger Hans-Jochen Vogel, von Egon Bahr, Gerhard Jahn, Horst Ehmke und vielen anderen unterstützt.

In der Regel war Frauenpolitik kein Thema der Medien, Berichte über Veranstaltungen gab es kaum. Selbst als Bundeskanzler Helmut Schmidt 1977 von einer Bundeskonferenz der Arbeitsgemeinschaft Sozialdemokratischer Frauen heftig angegriffen und schließlich ausgepfiffen wurde, war das keine Zeile wert.

Über Juso-Spektakel wurde breit berichtet und von der Partei gefürchtet, Frauen-Proteste blieben intern und somit (fast) folgenlos. Es blieb die innerparteiliche Diskussion und Überzeugungsarbeit, die hinreichend ermüdend war – und zunehmende für die Partei peinliche Symbolakte, wie das öffentliche Überreichen eines Schaukelpferdes, weil ein Landesvorsitzender trotz Zusagen wieder einmal keine Frauen auf die Wahllisten gebracht hatte. Natürlich gab es auch lautstarke Demonstrationen, unterstützt mit Kochtopf- und Deckellärm.

Die Frauenfrage war nicht *in*, die anderen Parteien wenig interessiert. Sperrfeuer bekamen die SPD-Frauen nur von den Feministinnen wie Sybille Plogstedt, Alice Schwarzer, Barbelies Wiegmann, wenn auch oft in der Form von Angriffen gegen uns. Nach und nach unterstützen uns die Gewerkschafterinnen.

Einzig die SPD hatte eine Gleichstellungskommission des Parteivorstandes und die ASF. Es mussten mehr Frauen in die Parlamente, nur so war eine umfassende Gleichstellungspolitik erfolgversprechend. Ohne Vorbild der Politik waren Institutionen und Wirtschaft nicht zu gewinnen. Aber die eigenen Gliederungen der SPD blockierten, so dass Willy Brandt und Egon Bahr eine Quote entsprechend dem weiblichen Mitgliederanteil vorschlugen.

Die ASF wollte keine Quote. Sie hatte nichts gegen Quoten an sich, in der Wirtschaft, im Berufsleben. Aber die SPD, das war – so glaubten wir – etwas ganz anderes. Diese, unsere Partei hatte ein Programm, hatte das Frauenwahlrecht eingeführt, hatte Vorkämpfer, wie August Bebel, der schon vor 100 Jahren proklamiert hatte: „Es gibt keine Befreiung der Menschheit ohne die soziale Unabhängigkeit und Gleichheit der Geschlechter".

Diese Partei musste aus sich heraus, aus eigener Überzeugung handeln. Wir zogen weiter missionierend durchs Land, versuchten die Gliederungen und Vorstände zu überzeugen, dass freie Wahlkreise mit Frauen besetzt werden sollten und mehr Frauen auf den Listen abgesichert werden müssten. Spitzenkandidaten der SPD präsentierten im Wahlkampf paritätisch besetzte Regierungsteams, wie Björn Engholm, oder besetzten ihre Regierungen mit ausgewiesenen Frauen, wie Klaus von Dohnanyi.

Inzwischen wurden die *Grünen* gegründet und stellten vergleichbare Forderungen, schickten von Anfang an mehr Frauen in die Parlamente bis sie schließlich gar paritätisch besetzte Listen präsentierten.

Wir kamen kaum weiter, es wurden mehr Frauen gewählt, aber in homöopathischen Dosen. Nach acht Jahren zähen vergeblichen Kampfes gaben die Frauen auf und verlangten eine paritätische Besetzung aller Wahlfunktionen, abgesichert durch eine in der Satzung verankerte 40-Prozent-Mindestquote für Männer und Frauen. Der Nürnberger Parteitag akzeptierte den Grundsatz 1986.

Es dauert weitere zwei Jahre bis eine Regelung gefunden war, die von der Parteiorganisation akzeptiert wurde, die aber auch nicht einfach zu umgehen war. Denn die SPD hatte immer wieder beschlossen, Frauen entsprechend ihrem Mitgliederanteil zu beteiligen: 1908, 1925 auf dem *Heidelberger Parteitag*, nach 1949. Aber das waren bloße Kann-Regelungen in einem frauenfeindlichen Umfeld. In der Weimarer Republik hatte das sogar fast funktioniert, im Preußischen Landtag saßen 1925 16 Prozent Frauen in der SPD-Fraktion, entsprechend einem Mitgliederanteil von 16 Prozent. 1949 standen aber 19 Prozent weiblichen Parteimitgliedern nur 9,5 Prozent Frauen in der Bundestagsfraktion gegenüber. 1972 hatte die SPD-Fraktion nur noch 5,4 Prozent weibliche Mitglieder.

Bonn war nicht Weimar. Bonn war bis zur SPD/FDP-Koalition 1969 unendlich konservativ und frauenfeindlich. Diese Stimmung ging von der Adenauerpolitik aus, hatte sich aber in allen Parteien breit gemacht. Insbesondere Mitglieder der Union griffen Frauen an, einfach so, weil sie Frauen waren. „So etwas Dummes können Sie doch nur sagen, weil Sie eine Frau sind", so der Justizminister des Landes Niedersachsen (CDU) zu der stellvertretenden Fraktionsvorsitzenden der FDP. CDU-Frauen mussten sich in ihrer Fraktion Schlimmeres anhören, so ihre Berichte.

Wir wollten deshalb eine rechtssichere Quotenregelung. In der SPD wurde diese schließlich 1988 beschlossen, mit Zwei-Drittel-Mehrheit, wenn auch mit deutlichem Widerstand aus einzelnen Landesverbänden. Aber es gab einen erstaunlichen Wandel. Innerhalb kurzer

Zeit wurden die Parlamente farbiger, das heißt weiblicher. Und unsere Absicht, beispielgebend für andere Organisationen zu handeln, erfüllte sich. Die Gewerkschaften orientierten sich neu, langsam, aber mit klarem Kurs.

Die CDU war zögerlich, aber brachte mehr Frauen in die Parlamente, bis sie schließlich das Quorum erfand, nicht so klar wie die Quote, ein Mittelweg zwischen eindeutiger Festlegung und Zielzahl, aber doch ein Fortschritt. Die CSU kam schließlich 22 Jahre später auch zu einer Mindestregelung für Vorstände, nichts Halbes und nichts Ganzes, aber doch ein Zeichen für guten Willen und dringende Notwendigkeit, um nicht noch mehr Wählerinnen zu verschrecken. Belustigend, dass junge Frauen in der CSU dagegen kämpften, allerdings mit Argumenten, die einer ausgewachsenen Feministin die Haare zu Berge stehen lassen.

Die Jung-Frauen-Schar der CSU will lieber mit Charme siegen. Die Männer um den Finger wickeln. Es gebe keinen Kampf der Geschlechter, es sei ein Spiel zwischen ihnen. Das berichtet die FAZ (11.1.2011): Na, viel Spaß beim Spielen! Aus keiner Partei habe ich so bittere Klagen über die Behandlung von Frauen gehört wie aus der CSU.

Ein besonderes Kapitel ist die FDP, teils offen für die Akzeptanz von Frauen, aber im Zweifel Machos wie in anderen Parteien. Regulativ ist einzig der vermutete Wähler- oder Wählerinnenwille.

Die Bundesrepublik ist mit ihrer Beteiligung von Frauen in den Parlamenten vorn im internationalen Vergleich. Dabei spielen die beiden kleinen Fraktionen Die Grünen und Die Linke eine nicht unwichtige Rolle. Sie entsenden immer mindestens soviel Frauen wie Männer in die Parlamente. Da sie ihre Mandate im Wesentlichen nicht direkt, sondern über die Landeslisten gewinnen, können sie das besser planen als die SPD.

Die Vorurteile gegen die Quote haben sich nicht bestätigt, die Qualität und Aktivität der Fraktionen wurde nicht durch die wachsende Frauenzahl beeinträchtigt. Die Quote hat dazu beigetragen, dass die Interessen und Erfahrungen von Frauen in die Politik eingebracht werden wie nie zuvor, dass es auch über Parteigrenzen hinweg in vielen Frauen betreffenden Fragen neue Kooperationen gab. Der Einfluss der Frauen in der parlamentarischen Arbeit wurde fühlbar stärker und trug zu Verbesserungen für Frauen und Familien bei. Das Wahlrecht der Frauen wurde durch die Quote erst wirklich umgesetzt, das heißt durch das passive Wahlrecht ergänzt. Aber offensichtlich wohnt allen Erfolgen die Gefahr des Rückschlags inne.

Nach der Freude der Partei über den Erfolg sehnen sich Funktionsträger heimlich oder offen nach der alten Männerwirtschaft. Auch 22 Jahre nach der Quote werden die ganz wichtigen Fragen erstmal unter Männern beraten und so Beschlüsse vorbereitet. Wir finden zwar immer mehr Frauen in Spitzengremien, aber meist als Stellvertreterin oder Beisitzerin. Die Spitze ist immer noch schwer zu erreichen für Frauen. In der Regel ist der End- und Höhepunkt weiblichen Erfolgsstrebens die Stellvertreterin – die *Vizefrau.* Frauen werden in ihrer Arbeit kritischer gesehen und eher aussortiert. Ich erinnere an die Fälle Ypsilanti, Matthäus-Meier, aber auch Däubler-Gmelin.

Eine Kanzlerin ist natürlich ein feministischer Fortschritt, aber das reicht nicht aus. Seit Jahrzehnten schlägt die SPD Richterinnen für das Bundesverfassungsgericht vor, nicht genug, und vor allem ziehen die anderen Parteien nicht nach.

Wir haben eine gesteigerte Zahl von Ministerinnen seit 1998. Da das hergebrachte Familienklischee bei Frauen voll durchschlägt, häufig ohne Familie. Insgesamt kann sich die Politik nicht frei machen von den gesellschaftlichen Rahmenbedingungen und das heißt hier den Rollenklischees. Und natürlich schlägt die berufliche Benachteiligung von Frauen bei einer politischen Laufbahn voll durch. Ohne qualifizierte Berufstätigkeit gibt es in der Regel auch keine Chance für politische Spitzenpositionen. Das gilt für Männer und Frauen.

Das Recht auf Arbeit – Chancen für Frauen

In den 1960er-Jahren ergaben wissenschaftliche Untersuchungen, dass Mädchen im Bildungssystem der BRD krass benachteiligt würden. Der Bildungsforscher Georg Picht wies als absolut unterprivilegiert „das katholische Mädchen vom Lande“ aus. Unzureichende Bildung und Ausbildung erschwert bis heute unterhaltssichernde Beschäftigung und beruflichen Aufstieg. Bildung ist selbstverständlich auch Voraussetzung für das Erkennen politischer und gesellschaftlicher Zusammenhänge.

Die Benachteiligungen der Mädchen wurden in den letzten 50 Jahren kontinuierlich und fast vollständig abgebaut. Beginnend mit der allgemeinen Einführung der Koedukation und der Bildungsexpansion ergriffen Mädchen ihre Chance. Sie hatten nun Zugang zu allen Schulen, Gymnasien und Fachoberschulen jeder Ausrichtung, und es waren genügend Plätze vorhanden. Das Puddingabitur für Mädchen war endgültig passé. Die

Bildungspolitik nahm sich planerisch des flachen Landes an, schuf zentrale Schulen und ausreichende Schultransportmöglichkeiten. Das benachteilige katholische Mädchen vom Land verschwand als Bildungsproblem.

Mädchen erreichen heute höhere und bessere schulische Bildungsabschlüsse als Jungen. Dann allerdings schlägt Rollenbild und Rollenverhalten immer wieder durch. Frauen sind häufiger studienberechtigt als Männer, aber sie studieren seltener als studienberechtigte Männer. Sie wenden sich eher Dienstleistungsberufen zu, für die in Fachschulen in Vollzeit ausgebildet wird. Da oft die bundeseinheitliche Anerkennung fehlt, ist der weitere Aufstieg erschwert, entsprechende gewerkschaftliche Unterstützung fehlt. Diese Berufe sind gesellschaftlich notwendig, sie müssten aufgewertet und besser bezahlt werden.

Bei der Wahl der Berufsausbildung generell ergreifen Mädchen und Jungen immer noch Berufe entsprechend den historischen geschlechtsspezifischen Rollenerwartungen. Weiterbildungsmöglichkeiten der Betriebe sind wesentlich für Aufstieg und stabilen Arbeitsplatz. Frauen werden deutlich weniger einbezogen als Männer.

Dennoch ist alles in allem die berufliche Qualifikation der Frauen besser als je zuvor. Diese gut qualifizierten Frauen wollen in ihrer Mehrzahl erwerbstätig sein und ihren Lebensunterhalt selbst verdienen, auch wenn sie verheiratet sind und Kinder haben. Hier beginnen die unüberwindlichen Schwierigkeiten:

Der Ausbau von Kindertagesstätten ist jahrzehntelang vernachlässigt worden, und es fehlen Ganztagsschulen. Die Länder haben zu einer Aufholjagd angesetzt. Aber man merkt jetzt die Unterschiede: Wenn in Berlin am häufigsten beide Eltern berufstätig sind und nur in 22

Prozent der Familien mit Kindern lediglich ein Elternteil arbeitet, dann ermöglicht dies neben der großstädtischen Mentalität vor allem der hervorragende Ausbau von Kitas und die zunehmende Zahl von Ganztagsschulen und Horten. Frauen haben damit in Berlin deutlich größere Chancen als zum Beispiel in Niedersachsen oder Bayern.

Die Bundespolitik fördert die Aufholjagd aller Bundesländer, die Länder haben sich verpflichtet, bis 2013 entscheidende Verbesserungen bei der Versorgung mit Kinderkrippen herbeizuführen. Gleichzeitig animiert die Bundespolitik mit dem Ehegattensplitting, mit beitragsfreien Krankenversicherungen für nicht berufstätige Ehefrauen sowie mit Minijobs Ehefrauen möglichst gar nicht oder nur geringfügig erwerbstätig zu sein.

Für den gut verdienenden Ehemann ist es finanziell attraktiv, wenn seine Ehefrau nicht arbeitet oder einen Minijob ausübt. Das was sie nicht verdient, wird steuerlich kompensiert. Zusätzliche Kosten für Kinderbetreuung und Haushalt entstehen kaum. Klappt die Ehe nicht, muss er zwar Unterhalt zahlen, aber in der Regel nur bis das jüngste Kind drei Jahre alt ist. Danach? Wofür hat sie mal einen Beruf gelernt?

Mehr Frauen als je zuvor sind in der BRD zwar erwerbstätig, aber das gesamte Arbeitsvolumen, das sie erbringen, ist gleich geblieben. Das heißt immer mehr Frauen arbeiten nur in Teilzeit. 66,2 Prozent der Frauen sind erwerbstätig. Rechnet man ihre Arbeitszeit in Vollzeit um, dann könnten 50,7 Prozent der Frauen sie erbringen. Das hat gravierende Folgen für die Gleichstellung. 2008 arbeiteten 46 Prozent der erwerbstätigen Frauen, aber nur 9 Prozent der erwerbstätigen Männer in einem Teilzeitarbeitsverhältnis.

Nach der Geburt von Kindern reduzieren Mütter ihre Arbeitszeit, Väter arbeiten länger. Tatsächlich gewünscht wären von den Müttern in der Regel längere und von den Vätern in der Regel kürzere Arbeitszeiten. Solche Arbeitszeitmodelle würden natürlich der gewünschten Gleichstellung eher Rechnung tragen, dem Vater die Möglichkeit geben, sich um die Kinder zu kümmern, den Müttern bessere Chancen auf qualifizierte Berufstätigkeit und soziale Sicherung.

Eine vernünftige Verteilung der Erwerbstätigkeit zwischen Frauen und Männern setzt allerdings öffentliche Angebote von Kindertagesstätten und Ganztagsschulen voraus. Sie setzt auch voraus eine Bereitschaft von Arbeitgebern, Arbeitszeitmodelle auf Zeit zu akzeptieren, die die Übernahme von Familienpflichten für Männer und Frauen ermöglichen. Und sie setzt voraus entsprechende Verhandlungsoptionen der Gewerkschaften.

Trotz der geschilderten Probleme ist nicht einzusehen, warum Frauen so selten Spitzenfunktionen in der Wirtschaft erreichen. Zwar mag die Auswahl unter ihnen geringer sein als die von hochqualifizierten Männern; aber mindestens ein Drittel zu zwei Dritteln müsste auch angesichts der gegenwärtigen Verteilung der vollzeitbeschäftigten Frauen zu vollzeitbeschäftigten Männern normal sein.

Sind Vorurteile am Werk? Haben Frauen von Anfang an geringere Förderung? Fehlen Seilschaften? Glauben die Auswählenden alle Frauen würden irgendwann doch Mütter und damit ein Ausfall? Jedenfalls raubt diese Auswahl der Wirtschaft wichtiges Managementpotential. Vor allem aber nimmt sie hochqualifizierten Frauen ihre Chance. Der Gesellschaftsvertrag der Bundesrepublik basiert auf der Chancengleichheit für alle. Wenn sie nicht im freien Spiel der Kräfte entsteht, muss die Politik nachhelfen, im Zweifel mit staatlichen Quoten.

In Norwegen führte eine konservative Regierung vor sechs Jahren eine Quote für Aufsichtsräte ein, 40 Prozent – mit harten Strafen bewehrt. Vor vier Jahren erließ Spanien eine Frauenquote für Wahllisten und für die Wirtschaft. Die deutschen Parteien hatten beginnend mit Grünen und SPD seit den 1980er-Jahren Quoten, mit Ausnahme der CSU, die zog jetzt nach. Nur die Liberalen blieben ohne Quote, mit wenigen Frauen, die sie gut sichtbar platzierten. Im Januar 2011 zog Frankreich nach, Sarkozy mit seiner rechten Regierung verordnete 40 Prozent für Aufsichtsräte bis 2015.

Zur Zeit – im Februar 2011 – haben wir den Streit zwischen den Ministerinnen von der Leyen und Schröder über harte oder weiche Quoten für die deutsche Wirtschaft. Die Wirtschaft lehnt Quoten als dirigistisch ab.

Sicher kommt es nicht darauf an, ob der Frauenanteil in Aufsichtsräten und Vorständen der Wirtschaftsunternehmen bei 30 oder 40 oder 50 Prozent liegt, oder ob er auch mal auf 25 Prozent abrutscht. Frauen müssen erkennbare Chancen haben – die haben sie heute nicht – und zwar auf Ebenen, die mehr als reine Serviceleistungen erbringen. Nur wenn die Dispositionen im Betrieb auch mit Frauen getroffen werden, wenn Frauen mit entscheiden, kann es neue Arbeitsformen geben, können wir zu Arbeitszeiten kommen, die ein halbwegs normales Familienleben ermöglichen und dennoch den Bedürfnissen des Betriebes Rechnung tragen.

Fast 50 Jahre Einsatz für mehr Gleichheit von Frauen und Männern, mehr Chancen für Frauen und Männer haben mich gelehrt – gegen meine ursprünglichen Wünsche und Vorstellungen –, dass es ohne Zwang nicht geht. Ich habe in einer Organisation gearbeitet, die sich seit 120 Jahren die Gleichstellung von Mann und Frau auf ihre Fahnen geschrieben hat; ohne den selbst auferlegten Zwang der Quote in ihrer Satzung hätte sie ihr Ziel in den eigenen Reihen *nicht* umsetzen können.

Die Wirtschaft kennt seit 1949 die Rechtslage, sie weiß, dass Frauen in Deutschland hoch qualifiziert sind, sie weiß, dass es notwendig ist, den Familien die Chance zu geben, gemeinsam Kinder aufzuziehen. Dass ein anderes Arbeitskonzept auch wirtschaftlichen Gewinn bringen kann, weil es zu produktiver Arbeit befähigt, liegt auf der Hand und ist dutzendmal erprobt. Und dennoch bewegt sich nichts. Eine Selbstverpflichtung nach der anderen wird überfällig. Ich denke, es reicht.

Wir müssen Schluss machen mit der *männerbasierten Präsenzkultur.* Matthias Horx schreibt in *Die Welt* (27.1.11): „Karriere in Deutschland ist ein Wettbewerb um Anwesenheiten, um kommunikative Präsenz. Wer führt, muss nach dem Acht-Stunden-Tag noch für Meetings und Absprachen an der Bar zur Verfügung stehen. Kann sein Wochenende vergessen. Muss immer erreichbar sein. Nur wer sein Privatleben der Firma opfert, ist leistungsbereit. Wie, bitte schön, soll man auch ein Unternehmen in einem normalen Acht-Stunden-Tag leiten? Lächerliche, naive Vorstellung! Und dennoch: Es geht. Das zeigt die veränderte Karrierekultur Skandinaviens. Wer als Führungskraft – Mann oder Frau – in Stockholm nach 17 Uhr am Schreibtisch sitzt, dem wird mit hoher Wahrscheinlichkeit freundlich auf die Schulter geklopft. Und gefragt: Hast Du Familienprobleme? Minister haben dort Heimarbeitsplätze und man sieht Topmanager am Nachmittag beim Einkaufen im Supermarkt. Von Führungskräften wird mit sanftem kulturellem Druck zunehmend verlangt, dass sie sich hinreichend um ihre Familie kümmern.

Sind skandinavische Firmen schlechter geführt? Im Gegenteil. Die Verantwortlichen für die letzte Krise waren 14 Stunden plus arbeitende Männer im Dopaminrausch. Männliche Über-Aktivität ist es, die ganze Firmen ruiniert. Die Karrierewelt kann sich nur dann wahrhaft ändern, wenn eine kritische Masse von Frauen in den Chefetagen eine andere Zeitkultur durchsetzt. Wenn lediglich einzelne Frauen sich als Avantgardistinnen in die Chefetagen hoch kämpfen, ändert sich gar nichts.

Die industrielle Gesellschaft hat eine polarisierende Zeitkultur geschaffen, in der Männer und Frauen gefangen sind. Das Resultat ist eine unglückliche Kultur, die nicht nur Burn-outs zur Folge hat, sondern auch schlechte Führung und ruinierte Ehen."

Wir haben den Auftrag des Grundgesetzes mit Freiwilligkeit der Betroffenen nicht erfüllen können, greifen wir mit klaren Regeln ein! Vor zeitlich begrenzten Quoten kann ich nur warnen, ebenso vor Soll-Vorschriften. Die Quote für Männer und Frauen in der SPD ist satzungsgemäß festgelegt. Immer wieder wird versucht, sie aufzuweichen. Sie muss ständig reklamiert und eingefordert werden. Und auch heute, 22 Jahre nach der Einführung, ist fast nie die Mindestquote für Männer in Gefahr, sondern nur die Frauenbeteiligung. Deshalb ist die satzungsmäßige, nur mit Zwei-Drittel-Mehrheit zu beseitigende Regelung von großem Vorteil.

Zum ersten Mal ist jetzt – Anfang 2011 – der Bericht zur Gleichstellung von Frauen und Männern vorgelegt worden*, in Auftrag gegeben von Ursula von der Leyen als früherer Ministerin für Familie, Senioren, Frauen und Jugend, mit dem ausdrücklichen Wunsch, nicht nur Fakten, sondern auch Handlungsvorschläge zu bekommen. Die Sachverständigenkommission hat einen hervorragenden Bericht geliefert. Im Mittelpunkt des Berichts stehen die Themen der Bildung und der Erwerbsarbeit. Für die künftige Gleichstellungspolitik hat sich die Kommission auf folgendes Leitbild geeinigt:

„Wir streben eine Gesellschaft mit Wahlmöglichkeiten an. Die Beschäftigungsfähigkeit von Männern und Frauen wird durch eine gute Ausbildung gesichert. Sie werden befähigt, für ihren Lebensunterhalt selbst zu sorgen und auch eine eigene soziale Sicherung aufzubauen. Die beruflichen Qualifikationen und Kompetenzen von Frauen und Männern werden gleichermaßen geschätzt und entgolten. Durch eine angemessene Infrastruktur für Kinderbetreuung, schulische Erziehung und Pflege sowie flexible Arbeitszeiten in den Unternehmen wird die Vereinbarkeit von Beruf und Familie gewährleistet. Die Erwerbsverläufe werden durch Optionen auf eine Unterbrechung der Erwerbstätigkeit oder eine vorübergehende und reversible Verkürzung der Arbeitszeit flexibilisiert. Die Gesellschaft unterstützt die Wahrnehmung dieser Optionen zur Kindererziehung und -betreuung, Pflege und Weiterbildung. Es werden besondere Anreize gesetzt, damit die Optionen in den gesellschaftlich gewünschten Feldern sowohl von

*Gutachten der Sachverständigen-Kommission an das Bundesministerium für Familie, Senioren, Frauen und Jugend für den Ersten Gleichstellungsbericht der Bundesregierung, Neue Wege – Gleiche Chancen, Januar 2011

Frauen als auch von Männern genutzt werden. Die Nutzung dieser Optionen darf nicht zu Nachteilen in der Alterssicherung führen."

Die Leit- und Rollenvorstellungen haben sich zwar gewandelt hin zur Vereinbarkeit von Beruf und Familie, aber immer noch wird einem Partner, meist Frauen, überwiegend die Haus- und Sorgearbeit in Ehe und Partnerschaft überlassen, mit starker Einschränkung der Erwerbstätigkeit und entsprechend mangelnder Unterhaltssicherung bei Scheidung oder Trennung der Partner. Die Vorschläge der Kommission zielen auf das Gleichgewicht und den Ausgleich der vorhandenen Disparitäten, aber auch auf Konsistenz in der staatlichen Politik.

Das Gutachten weist auf die hohen wirtschaftlichen Potenziale einer konsequenten Gleichstellungspolitik hin, die Nutzung der Qualifikationen von Frauen, ihre hohe Bildung, die Stabilisierung der Sozial- und Steuersysteme durch vollwertige Beiträge der Frauen. Es kommt zu dem Schluss, dass die Kosten der Gleichstellung ungleich niedriger sind als die Kosten der Nicht-Gleichstellung.

Insgesamt ist es längst an der Zeit, in der Bundesrepublik Veränderungen herbeizuführen, wie sie in anderen Ländern üblich sind. Dazu gehören die meisten Vorschläge der Sachverständigenkommission, wie die Ersetzung des Steuersplittings durch Einzelbesteuerung, die individuelle Krankenversicherung beider Partner, die Abschaffung oder mindestens die radikale Einschränkung der geringfügigen Beschäftigungsverhältnisse, also der Minijobs, und ein Mindestlohn für alle. Zwei Drittel aller Niedriglöhner in Deutschland sind Frauen. Hier wird die Rolle als Zuverdienerin schamlos ausgenutzt.

Und selbstverständlich hält auch die Kommission eine Mindestquote für Frauen und Männer für Führungspositionen in der Wirtschaft für unerlässlich. Die wird es nun trotz aller Beschlüsse von SPD, Grünen, Linken, der CDU-Frauen und der Sozialministerin nicht geben. Das Machtwort der Kanzlerin von Anfang 2011 holt sie auf den Teppich und stabilisiert die Wirtschaft in der Großväter-Struktur. Die Hoffnung bleibt die EU, nur sie kann die BRD aus der Vergangenheit befreien (was sie ja auch früher schon getan hat). Die Bundeskanzlerin reagiert wie seinerzeit Margret Thatcher.

Das Private ist politisch

Was bedeutet die Gleichstellung privat und in der Familie? Die starke feministische Bewegung der End-1960er-, 70er- und 80er-Jahre knüpfte sich erstmalig in Deutschland in aller Breite öffentlich und aggressiv die deutsche Familie vor. Das war vielen peinlich und führte zu heftigen Auseinandersetzungen. Auch Frauen, die sich stark für die Gleichstellung der Frauen einsetzten, hatten dank ihrer traditionellen Erziehung doch Schwierigkeiten und Hemmungen, die Details des Ehe- und Sexuallebens, die Gewalt in den Partnerschaften, die breite emotionale Unterdrückung der Frauen (und Kinder) zu thematisieren, vielleicht sogar sie als wesentlich für die Gleichstellungsfrage zu erkennen. Das ging insbesondere den in Parteien gebundenen Frauen so, auch den Gewerkschaftsfrauen. Sie arbeiteten in männlich dominierten Organisationen, und sie hatten sich auch täglich mit Männern auseinanderzusetzen, die außerordentlich aggressiv wurden, wenn sich eine Frau als Feministin oder Emanze zu erkennen gab durch ihre Forderungen.

Hier standen die Frauen meist allein gegen eine höhnende beleidigende Mehrheit. Ich erinnere mich sehr wohl der aggressiv höhnisch grölenden Landtagsabgeordneten, die mich empfingen, als die SPD-Bundestagsfraktion einen Antrag zur Vergewaltigung in der Ehe diskutiert hatte, den ich nicht formuliert hatte (auch wenn ich ihn für richtig hielt). Feministinnen, die sich in Frauengruppen organisierten, hatten stärkere emotionale Unterstützung. Daraus entwickelten sich verschiedene Akzentsetzungen.

Dennoch war allen klar, dass Privatleben, Ehe, Familie, Beziehungen entscheidenden Einfluss auf die Durchsetzung der Gleichstellung hatten. Vielleicht glauben viele, die Durchsetzung der Quote in der SPD sei eine objektive, sachliche Frage gewesen, die im Wesentlichen deshalb strittig war, weil einigen Chancen beschnitten wurden. Das ist ein Irrtum. Selbst dieses technische Instrument zur Durchsetzung eines fast 100 Jahre alten, immer wieder bestätigten Grundsatzbeschlusses der SPD rief tiefen emotionalen Widerstand hervor, der nur aus der privaten Sozialisation erklärbar war. Seltsamerweise sahen viele Sozialdemoraten und insbesondere Gewerkschafter mit so einem Beschluss ihre Stellung erschüttert, auch in der Familie. Ich kann die Festreden nicht zählen, in denen in meiner Anwesenheit die Festredner lobend darauf hinwiesen, dass die zu ehrenden Frauen oder die Ehefrauen der zu ehrenden Männer noch wüssten, wo ihr Platz in der Familie sei.

Politik und Beruf gelten in Deutschland als schwer oder nicht vereinbar mit einem befriedigenden Familienleben. Dazu gehört eine von Politik und Erwerbstätigkeit unbelastete Mutter und Ehefrau. Das ist nicht überall so. Anders als in Deutschland und in Italien bleibt in

Frankreich die Frau auch mit Kindern Frau, und mutiert nicht zu Mutti oder Mama, die selbst vom Ehemann so tituliert wird. Die Französin – so die Philosophin Elisabeth Badinter in ihrem Buch „Der Konflikt: die Frau und die Mutter„ (2010) – hält an der Unterscheidung von Frau und Mutter fest und die Gesellschaft stimmt zu. „Es wird akzeptiert, dass man gerne Kinder bekommt unter der Voraussetzung, dass der Staat einem durch Krippen, Kindergärten etc. bei ihrer Betreuung und ihrer Erziehung hilft und man seinen legitimen beruflichen oder sonstigen Beschäftigungen nachgehen kann. Das Ergebnis: Die Französinnen arbeiten im europäischen Vergleich nach der Geburt ihres ersten Kindes am häufigsten wieder Vollzeit und haben eine der höchsten Geburtenraten in der EU. Im Unterschied dazu sträuben sich die Frauen in Deutschland dagegen, Kinder zu bekommen, durch die sie ans Haus gefesselt würden."

Badinter sieht den sogenannten maternalistischen Feminismus als Gefahr in vielen Ländern, weil dadurch Frauen angehalten werden, Kinder lange zu stillen und sich rund um die Uhr mit ihnen zu beschäftigen. Das Ziel, Kinder und Beruf nebeneinander zu haben, miteinander zu vereinbaren, ist so immer schwieriger zu erreichen. Ein Teil der Frauen fährt die Berufstätigkeit zurück, macht sie zur Nebensache, ein anderer entscheidet sich bewusst gegen Kinder, so ist der Anteil der kinderlosen Frauen deutlich angewachsen, in Deutschland auf 21 bis 26 Prozent, in Großbritannien auf 18 Prozent, in Frankreich ist der Anteil der Frauen ohne Kinder immer noch bei 10 bis 11 Prozent.

Badinter verlangt eine Politik, die den Frauen hilft, die verschiedenen Rollen auszufüllen. Sie sieht diese Politik am ehesten durch die skandinavischen Länder erfüllt, in geringerem Maße auch durch Frankreich. Kinder sollten in guten, ganztags geöffneten Krippen betreut werden. Die Mütter sollten die Möglichkeit haben, ihren Beruf vorübergehend in Teilzeit oder mit flexiblen Arbeitszeiten nachzugehen. Das muss einhergehen mit der Aufteilung der familiären Aufgaben.

„Dies setzt nicht nur große öffentliche Investitionen voraus, sondern auch eine grundlegende feministische Reform der Gesellschaft, der Politik und der Wirtschaft und vor allem einen Wandel der Männer. Bisher kann sich kein Land rühmen, das Ziel – nämlich die Gleichheit der Geschlechter – erreicht zu haben, doch die Länder mit den schwächsten Geburtenraten scheinen sich dessen ... noch gar nicht bewusst geworden zu sein."

Gegenwärtig haben die Staaten mit dem höchsten Anteil berufstätiger Frauen auch die höchsten Geburtenraten. Badinter sieht die Familienpolitik der Bundesrepublik als gescheitert an. Die hohen finanziellen Hilfen für die Familie, die Stärkung der Erwerbstätigkeit des Mannes zwinge die Frauen, sich mit der Geburt des ersten Kindes zwischen Familie und Beruf zu entscheiden. Die Wahl falle da häufiger auf das Lebensmodell *kinderlos.*

Das mag ein sehr krasses Urteil sein, aber Deutschland ist tatsächlich weit zurück, obwohl die deutsche Frauenbewegung in der Geschichte oft beispielgebend war. Wie wenig das mit *natürlichen Gegebenheiten* zu tun hat, kann man im europäischen Vergleich gut sehen. Selbst innerhalb der BRD haben wir immer noch die Ost/West-Spaltung. Im Westen bleiben die Frauen nach der Geburt eines Kindes erstmal zu Hause, sorgen jedenfalls in ihrer Mehrheit dafür, dass das Kind nicht in *fremde Hände* gerät. Im Osten wird jedes zweite Kind unter drei Jahren nicht zu Hause betreut. Gesellschaftlicher

Wandel kann von der Politik unterstützt und vorbereitet werden, aber er muss zu allererst in den eigenen Köpfen passieren. Der deutsche Mann ist nicht wild auf die Übernahme häuslicher Verpflichtungen, die Politik unterstützt ihn auch darin. Aber wie steht es mit der Partnerin. Ist sie bereit loszulassen? Ist sie überzeugt, sich auf ihn verlassen zu können ohne Wenn und Aber? Glaubt sie die Kinder in guten Händen? Akzeptiert sie auch eine Wohnung, die nicht perfekt nach ihrer Methode gereinigt wird?

Schon vor 30 Jahren habe ich oft betretenes Schweigen erfahren, wenn ich solche Fragen in Frauenrunden gestellt habe. Wir haben auch da einiges erreicht, aber es bleibt noch viel zu tun. Das ist eine ureigene missionarische Aufgabe der Frauenbewegung. Ich bin immer wieder erschrocken, wie viel gut ausgebildete Frauen (auch Männer) glauben, sie dürften ihre Kinder vor dem dritten Lebensjahr nicht Fremden überlassen, ohne ihnen zu schaden.

Wie soll denn die Gleichstellung der Frau funktionieren, wenn 80 Prozent der Mütter bis zum dritten Lebensjahr der Kinder zu Hause bleiben und die Väter nur zwei oder drei Monate übernehmen? Also: Ohne Änderung unseres Privatlebens ist es Essig mit der Gleichstellung von Frau und Mann.

Was bleibt?

Angesichts der vielfältigen Probleme haben wir auch den Feminismus in unterschiedlichen Erscheinungsformen, mit unterschiedlichen Zielen. Mit der Erreichung der Ziele sind auch immer wieder neue Probleme, neue Diskriminierungen aufgetreten. Was hilft uns das aktive

Wahlrecht, wenn das passive nicht hinzutritt? Das aktive Wahlrecht haben wir gut 100 Jahre nach Olympe de Gouges erreicht. Das passive bis heute nur zum Teil. Der Deutsche Bundestag hat zu einem Drittel Frauen als Abgeordnete, die Regierungsparteien liegen im Schnitt gerade um 20 Prozent Frauenanteil, das heißt im aktiven Part der Politikgestaltung haben Frauen in den Regierungsfraktionen einen mindestens quantitativen Nachteil. Über die Wirtschaft brauchen wir nicht zu reden. Da, wo es um politischen Einfluss geht, sind auch Verwaltungen und Regierungsbürokratie fast frauenfrei. In fast allen Feldern, in denen Feministinnen aktiv waren, ist einiges, manchmal auch viel erreicht worden. Der Anteil von Frauen ist im öffentlichen Leben deutlich gestiegen. Der Einfluss ist größer geworden.

Im Privaten haben sich die Leitbilder verändert, ob die Praxis nachgekommen ist, muss frau bezweifeln. Ich erinnere an das Google-Ergebnis des *Rheinischen Merkur.* Die Akzeptanz und Anerkennung anderer sexueller Orientierungen ist weit vorangeschritten, gerade für lesbische Frauen ein erheblicher Fortschritt. Aber mir ist keine alte oder neuere feministische Gruppe oder Richtung präsent, die ihre Ziele voll erreicht hätte.

Der alte Feminismus ist leider nicht überholt, der neue nicht immer erschöpfend, was die Behandlung der realen Probleme angeht. Der Vorwurf, Feministinnen orientierten sich eher am Mittel- und Oberschichtenklientel ist nicht nur falsch. Ich schließe mich da ein, habe allerdings auch erfahren, dass die Arbeiterin, die Teilzeitangestellte, die Hausfrau durchaus zu gewinnen ist, weil sie an der Benachteiligung der Frauen oft überdurchschnittlich leidet – im Beruf *und* zu Hause. Streit darum was out oder in ist, schadet der Zielsetzung.

Ich bin sehr für weichere Umgangsformen als wir sie manchmal gewählt haben, obwohl wir auch die weiche diplomatische Schiene genutzt haben. Ich bin dennoch überzeugt, der sanfte Weg reicht nicht immer aus. Alice Schwarzer hat manches Eis gebrochen und dabei mehr Verletzungen eingeheimst als die meisten Menschen ertragen können. Und ich – genauso wie meine Mitstreiterinnen Karin Junker, Heidemarie Wieczorek-Zeul, Renate Schmidt, Herta Däubler-Gmelin und viele andere – sind oft mit blauen Flecken vom Platz gegangen, und längst nicht immer erfolgreich gewesen.

Ich plädiere für Kooperation auch über unterschiedliche Weltanschauungen hinweg. Und ich plädiere für Vielfalt: Emmeline Pankhurst, die für das Frauenwahlrecht gekämpft hat, unabhängig davon ob es ein gleiches oder ein Klassenwahlrecht sein würde, hat die Sache vorangebracht, auch wenn die Sozialistinnen ihrer Zeit sofort ein allgemeines und gleiches Wahlrecht für alle wollten. Und es schließlich erreicht haben.

Ich plädiere für größere Toleranz gegenüber anderen Feministinnen, auch wenn manches nicht ganz der eigenen Meinung oder Gefühligkeit entspricht. Radikalität und schlechter Stil sollten uns nicht gleich zur Distanzierung bringen. Es kommt auf das Ziel an und das kann frau auch diplomatisch und richtig interpretieren. Wir brauchen viele, die in die gleiche Richtung zielen. Es gibt sicher auch unüberwindbare Differenzen, die müssen dann in Solidarität ausgetragen werden. Wir haben in unser Programm geschrieben: *„Wer die menschliche Gesellschaft will, muss die männliche überwinden!"* Lasst uns das Werk gemeinsam weiterbringen und möglichst vollenden!

Literatur

Badinter, Elisabeth — Der Konflikt: Die Frau und Mutter, München 2010

Bebel, August — Die Frau und der Sozialismus, Nachdruck Frankfurt/Main 1976

Braun, Lily — Die Frauenfrage, Bonn 1979

Brandt, Willy (Hg.) — Frauen heute – Jahrhundertthema Gleichberechtigung, Köln, Frankfurt 1978

de Gouges, Olympe — Die Rechte der Frau, Hg. Gabriela Wachter, Berlin 2006

Gutachten der Sachverständigenkommission an das Bundesministerium für Familie, Senioren, Frauen und Jugend für den Ersten Gleichstellungsbericht der Bundesregierung, Neue Wege – Gleiche Chancen, Januar 2011

Haaf, M. Klingner, S., — Wir Alphamädchen – Warum Feminismus das Leben schöner macht, Hamburg 2008

Martiny, Anke — Die Idee der Olympe de Gouges, in: Frankfurter Rundschau vom 15.6.1991

Meulenbelt, Anja — Feminismus und Sozialismus, Hamburg 1980

Pankhurst, Emmeline — Ein Leben für die Rechte der Frauen, Göttingen 1996

Wettig-Danielmeier, Inge — 10 Jahre Arbeitsgemeinschaft Sozialdemokratischer Frauen – Kontinuität sozialistischer Frauenarbeit, in: Die Neue Gesellschaft, 2, 1984

Feminismus reloaded

Katharina Oerder

Die Diskriminierung hält an

Ich bin Feministin. Und das schon so lange ich denken kann. Voller Inbrunst habe ich als kleines Kind „Anne Kaffekanne" gesungen und mir aus reiner Freakigkeit eine Eisenbahn zu Weihnachten gewünscht. Weil es mich aufregt, wenn Frauen aufgrund ihres Geschlechts diskriminiert werden. Wenn wir die schlechteren Jobangebote bekommen. Wenn wir bei einem Ausgehabend mit einem männlichen Begleiter wie selbstverständlich den kleinen gemischten Salat und nicht das Steak vor die Nase gestellt bekommen. Wenn mein Vater einem Freund eher die Wagenschlüssel zu seinem Mercedes anvertraut als seiner Erstgeborenen. Und damit halte ich nicht hinterm Berg. Meine Freunde, meine Familie, meine Kollegen, alle kennen meine ausführlichen Erläuterungen zum Thema Feminismus. „Meine Güte", kriege ich da manchmal als Antwort zu hören, „wir schreiben das Jahr 2011, eine Frau ist Bundeskanzlerin, ist es nicht langsam mal gut?" Und manchmal, wenn ich dann sehe, dass Frauen mittlerweile wie ganz selbstverständlich studieren gehen und die besseren Abschlüsse nach Hause bringen, zur Bundeswehr gehen und zum Mond fliegen, frage ich mich auch: „Haben wir Feministinnen uns endlich selbst überflüssig gemacht? Ist es jetzt endlich *gut?*"

100 Jahre nach dem 1. Weltfrauentag, 40 Jahre nach der „Wir haben abgetrieben"-Kampagne und 20 Jahre nach der Einführung der Quote in der SPD müssen wir uns die Frage gefallen lassen: Wo steht der Femi-

nismus, wo steht die deutsche Frauenbewegung heute? Diese Fragestellung klar und eindeutig zu beantworten ist nicht ganz leicht. Viele Erfolge wurden errungen, von einer vollständig gelungenen Gleichstellung der Geschlechter zu sprechen, wäre allerdings vermessen. Insgesamt können wir unterschiedliche Trends in der Entwicklung ausmachen.

Einerseits stellen wir fest: Junge Frauen sind heute selbstbewusster als je zuvor. In einer Studie für die Frauenzeitschrift *Brigitte,* die die Präsidentin des Wissenschaftszentrums Berlin (WZB), Jutta Allmendinger, durchführte, wurden im Jahr 2009 über 1000 Mädchen und junge Frauen nach ihren Ideen und Plänen für die Zukunft gefragt. Die Wissenschaftlerinnen und Wissenschaftler fanden heraus, dass die Befragten wesentlich engagierter und hoffnungsfroher auf die Zukunft schauten als noch vor einigen Jahren. Die jungen Frauen sind häufig besser ausgebildet und glauben selbstsicher und optimistisch daran, dass die Zeit des „Entweder-Oder" zwischen Kind und Karriere endlich vorbei sei. Sie wollen nun alles: im Chefsessel sitzen *und* Zeit für Familie haben, Kinder bekommen *und* eigenes Geld verdienen.

Auch feministische Blogerinnen und Autorinnen wie beispielsweise die mittlerweile recht bekannte *Mädchenmannschaft* oder *Moderne Mädchen,* die weiterhin Missstände in der Gleichstellung von Männern und Frauen in Deutschland anprangern, finden Land auf, Land ab großen Anklang. Gerade in der linken Szene werden ihre Meinungen und Bücher hochgeschätzt. Das neugegründete, feministische Popzeitschrift *MissyMagazin,* wurde nicht etwa, wie vielleicht zu befürchten war, nach der ersten Ausgabe kleinlaut wieder eingestellt. Nein, es besteht tapfer seit über zwei Jahren, räumt Preise ab und hat eine treue LeserInnenschar. Diese Schlaglichter zeugen von einem neuen, positiven Selbstbewusstsein feministischer Orientierungen.

Andererseits erleben wir einen öffentlichen Diskurs, in dem meinungsbildende Magazine wie *SPIEGEL, Focus und Co.* einem Revival der Geschlechterstereotype nach dem Mund reden. Gerne wird erklärt, warum Frauen und Männer von „Natur aus" unterschiedlich sind, warum Männer das Eine besser können (einparken, im Dunkeln sehen, Länder regieren) und Frauen das Andere (Emotionen zeigen, Kinder erziehen, moderieren). Abwechselnd werden die Gene (verzweifelt wird noch nach einem Strick-Gen gesucht), die Biologie (Frauen sind nun mal zum Kinderkriegen auf der Welt, das ist ihre Bestimmung) oder die Evolution (Männer haben Büffel gejagt, Frauen am Feuer gesessen) als Erklärungsmuster herangezogen. Die antifeministischen Züge, die diese Debatte trägt und die sich beispielsweise in Büchern wie „Die Emanzipations-Falle" von der Zeit-Redakteurin Susanne Gaschke oder dem viel beachteten Werk „Das Eva-Prinzip" von Eva Herman widerspiegeln, wird gekrönt von deutlicher Frauenangst bzw. gar offenem Frauenhass, der sich in zweifelhaften geistigen Ergüssen wie beispielsweise Frank Schirrmachers „Männerdämmerung" niederschlagen. In diesem Artikel beschreibt der Mitherausgeber der *Frankfurter Allgemeinen Zeitung* (FAZ) den Untergang des Abendlandes. Schließlich säßen auf den wichtigsten meinungsbildenden Posten, wie Talkshow-Moderation oder Vorsitz eines Verlagshauses, mittlerweile auffallend viele Frauen, die nun ihre Agenda durchziehen würden. Dazu, dass in der alles andere als unbedeutenden FAZ selbst aktuell fünf Männer und nicht eine einzige Frau zu den Herausgebern zählen und es dort auch noch nie eine weibliche Herausgeberin gegeben hat, äußert sich der Autor leider nicht.

In eine ähnliche Kerbe schlagen, wenn auch etwas ungewollter, so genannte Postfeministinnen. Der Prototyp dieser Gattung, der das Werk der Gleichstellung für vollbracht hält, ist unsere Ministerin für Familie, Senioren, Frauen und Jugend, Kristina Schröder. Ungleichbehandlungen zwischen Männern und Frauen seien nicht mehr zu erkennen. Der historische Auftrag ist erfüllt. Vielen Dank Feminismus, Ziel erreicht, du kannst abtreten.

Beide Strömungen der aktuellen Debatte um Gleichstellung und Feminismus zeugen von recht unterschiedlicher Wahrnehmung und Interpretation der Realität. Aber wie ist es wirklich um die Gleichstellung zwischen Männern und Frauen bestellt? Gibt es heute, im Jahre 2011, 100 Jahre nachdem die deutsche Sozialistin Clara Zetkin den 1. Weltfrauentag ausgerufen hat, noch immer Zeichen von Diskriminierung in Deutschland?

Fakt ist, dass Männer und Frauen in Deutschland immer noch höchst unterschiedliche Lebenssituationen vorfinden. Und Fakt ist auch: Sie werden unterschiedlich behandelt. Dies lässt sich insbesondere bei den Themen Arbeit und Lohn feststellen. Noch immer verdienen Frauen durchschnittlich 23 Prozent weniger als Männer. Dies liegt zu einem großen Teil an tradierten Rollenbildern, denen wir häufig zum Opfer fallen, und die Frauen in Berufe drängen, die schlechter bezahlt sind. Oder sollte ich sagen, Rollenbilder, die dafür sorgen, dass die Berufe in denen mehr Frauen arbeiten schlechter bezahlt werden? Allerdings spielt auch ein weiterer wichtiger Faktor eine Rolle: einfach nur das Geschlecht. Ein gewisser Unterschied in der Bezahlung bleibt auch dann zurück, wenn die Faktoren der unterschiedlichen Berufsbilder heraus gerechnet werden. Auch um den Karriereerfolg von Frauen ist es nicht viel besser bestellt. Trotz aller Beteuerungen der Wirtschaft, mehr Frauen in Vorstände und Aufsichtsräte zu holen, ist ihre Anzahl noch immer verschwindend gering. 2010 waren in den Vorständen der Dax30-Unternehmen nur vier Frauen zu finden, jedoch 184 Männer. Dies entspricht einem Prozentsatz von 2,14 Prozent. Zieht man den Kreis etwas weiter, auf die 200 größten Unternehmen Deutschlands, kommen wir auf die ebenso katastrophale Zahl von 2,5 Prozent Frauenanteil. Aber nicht nur in den Vorständen sind Frauen kaum zu finden. Ebenso wenige Spitzenpositionen in der Politik oder in der Wissenschaft werden mit Frauen besetzt.

Schauen wir weiter in Richtung Kinderbetreuung. Frauen haben noch immer große Probleme, nach einer Kinderpause zurück in ihren Job zu finden – sei es, weil es kaum angemessene Betreuungsplätze gibt, sei es, dass sie trotz offizieller Zusicherung, in ihr Arbeitsverhältnis zurückkehren zu können, einfach vor die Tür gesetzt werden. So was heißt dann „Umstrukturierungsmaßnahmen", denen, leider, leider, der Job der jungen Mutter zum Opfer gefallen ist. Das deutsche Steuersystem diskriminiert Frauen durch das Ehegattensplitting ebenso, wie die Neuregelung des Unterhaltsrechts, die Frauen mir nichts dir nichts die Unterstützung durch ihre Ex-Männer versagt, mit dem Verweis darauf, ihren Lebensunterhalt von nun an selbst verdienen zu müssen. Frauen, die auf diese Situation nie eingestellt waren, werden beinahe ohne Bestandsschutz auf einen Arbeitsmarkt geworfen, der sie systematisch diskriminiert. Geschlechtergerecht geht anders.

Paradoxerweise ist die gefühlte Geschlechtergerechtigkeit in Deutschland wesentlich größer als die reale. Vor einigen Jahren arbeitete ich beispielsweise in einer studentischen Initiative in Köln. Jedes Jahr wurde ein geschäftsführender Vorsitz dieser Initiative gewählt, sein Porträt in einer Fotogalerie aufgehängt. Ich warf damals einen Blick auf die Reihe der im Flur hängenden Fotos: „Das sind ja nur Männer" wunderte ich mich. Eine Kollegin, die schon länger dort arbeitete und neben mir stand, meinte darauf hin: „Tatsächlich? Stimmt, ist mir noch gar nicht aufgefallen." Tatsächlich? Nicht aufgefallen? Fällt den meisten Menschen dann auch nicht auf, dass auf den G20-Fotos nur zwei Frauen ihre jeweiligen Länder repräsentieren dürfen? Dass in den meisten Grundschulen Frauen unterrichten, die Rektoren aber fast immer Männer sind? Dass in Politik-Talkshows zwar Frauen die Fragen stellen, aber Männer wie selbstverständlich die Antworten geben?

So muss es vielen Menschen wohl tatsächlich gehen. Anders sind die verwirrten Gesichtsausdrücke nicht zu erklären, die ich immer wieder ernte, wenn ich beispielsweise auf die geschlechterungerechte Verteilung von Arbeitsplätzen an Universitäten hinweise. Das Studienfach Psychologie hat einen Anteil an weiblichen Studierenden von gut 80 Prozent, ein radikaler Frauenüberschuss. Bei den promovierenden wissenschaftlichen MitarbeiterInnen, zeigt sich jedoch ein ganz anderes Bild. Hier finden wir einen Frauenanteil von nur noch zirka 50 Prozent. Bei den ordentlichen Professuren hat sich jeglicher Frauenüberschuss von Beginn des Studiums längst nivelliert. Je höher also die akademische Stufe, je mehr Geld und je mehr Prestige, desto weniger Frauen sind zu finden.

Aber woran liegt das? Formale Hindernisse stellen sich für Frauen heute nicht mehr unmittelbar. Es ist für Frauen nicht verboten zu habilitieren, keine Gesetze halten uns davon ab, nach dem Chefsessel zu streben. Kann es an der vielbeschworenen gläsernen Decke liegen, die nicht zu sehen ist, und die entsprechend noch viel schwerer einzureißen ist? Wie können wir dagegen vorgehen? Gegen unsichtbare Barrieren und Schranken nicht auf dem Papier, sondern in den Köpfen?

Nicht das Arbeiten an sich ist verboten, wohl aber werden Frauen gesetzgeberisch viele Steine in den Weg gelegt, tatsächlich freie Entscheidungen über Karriere oder Kinder zu treffen. Es ist wie in Aschenputtel, wenn die böse Stiefmutter sagt: „Klar kannst du mit auf den Ball gehen – wenn du bis dahin die Linsen aus der Asche sortiert hast." – und schüttet eine Schüssel Linsen auf den Boden. Uns wird gesagt: „Klar könnt ihr arbeiten gehen – wenn ihr einen Krippenplatz findet", und gleichzeitig werden die Zuschüsse für Kinderbetreuung in allen Kommunen gekürzt. „Natürlich könnt ihr Professorin werden – wenn euch jemand einstellt" und verweigern eine gesetzliche Frauenquote, mit der die männliche Übermacht in den Berufungskommissionen endlich aufgebrochen werden könnte. Wenn es um diese „nur" mittelbare gesetzliche Diskriminierung und gesellschaftliche Deutungshoheit geht, dann wird der politische Kampf umso schwerer.

Früher war alles besser?

Manch eine Feministin wünscht sich da vielleicht sogar in die gute alte Zeit zurück. Für das Wahlrecht kämpfen, oder vielleicht für freie Berufswahl, für eine Reformierung des Scheidungsrechts oder der Abschaffung des Paragraphen 218. Das, so stellen wir uns vor, waren noch klare Ziele, eindeutige Botschaften, da kann niemand dagegen sein und das passt auf jedes Transparent. Von wegen. Zwischen der ersten Forderung des Frauenwahlrechts bis zu seiner Einführung vergingen Jahrzehnte und viele, durchaus auch blutige Auseinandersetzungen. Beschimpfungen und Beleidigungen waren Frauen von je her ausgesetzt, wenn sie aufstanden und für ihre Rechte stritten. Von diesen Errungenschaften großer Feministinnen und einzelnen reformbereiten Männern profitieren wir Frauen heute gesellschaftlich und politisch jeden Tag.

Es lässt sich jedoch nicht verleugnen, dass einiges anders geworden ist seit die ersten „Wer sich nicht wehrt endet am Herd"-Anstecker durch deutsche Fußgängerzonen getragen wurden. Es ist das Privileg einer ganzen Generation, dass wir in relativer Gleichberechtigung mit Jungen aufwachsen konnten. Mädchen und junge Frauen müssen lange schon sehr genau hinschauen, um Diskriminierung in ihrem Alltagsleben zu erkennen.

Diskriminierungen und Ungerechtigkeiten sind heutzutage eben nicht mehr so offensichtlich wie noch vor einigen Jahren. Kaum ein Mensch, ob Frau oder Mann, sagt heutzutage noch offen Sätze wie „Frauen können nicht studieren" oder „In Führungspositionen haben Frauen nichts verloren". Auch wenn dies nicht bedeutet, dass die versteckten oder strukturellen Diskriminierungen nicht immer noch vorhanden sind, ist es für uns schwieriger geworden, gegen diese vorzugehen. Sie drängen sich häufig nicht auf, sondern sie müssen erst einmal erlebt, danach wahrgenommen und in einem dritten Schritt entsprechend interpretiert und in ihre gesellschaftlichen Machtverhältnisse eingeordnet werden.

Wie in dem oben beschriebenen Beispiel bemerken viele junge Frauen eine Ungleichheit in der Geschlechterverteilung – wie auf einem Foto von Unternehmenschefs – gar nicht. Und selbst wenn ihnen auffällt, dass es irgendwie immer nur Männer sind, die in den Nachrichten gezeigt werden und die die Geschicke dieser unserer Erde lenken, wird dies von einigen Frauen lange immer noch für Zufall gehalten oder in überragenden Leistungen der jeweiligen Männer begründet. Häufig machen erst persönliche Erfahrungen mit Diskriminierung Frauen und Mädchen sensibel für dieses Thema. Und diese machen sie – zum Glück! – in der heutigen Gesellschaft erst relativ spät.

Es ist nicht mehr, wie noch vor einigen Jahrzehnten, die Schule, in der die ersten eigenen Begegnungen mit Geschlechter-Ungerechtigkeit gemacht werden. Vielen Frauen fällt erst auf, das im freien Deutschland doch irgendwas nicht so ganz stimmt, wenn sie sich um ihre ersten Arbeitsstellen bewerben. Und spätestens wenn es an die Familiengründung geht, treten die bisher verborgenen oder nur latent aufgetretenen Diskriminierungsstrukturen wieder offen zutage. An diesen Punkten habe ich schon viele „Girlies“ sich in flammende Feministinnen verwandeln sehen. Und Konvertiten sind ja bekanntlich immer die schlimmsten.

Die gesellschaftlichen Probleme und Phänomene haben sich verändert und damit müssen sich auch die Mittel, mit denen wir kämpfen, verändern. Wenn Diskriminierung zwar gesetzlich verboten, dieses Verbot in der Realität allerdings schwer durchzusetzen ist, wenn offiziell gleiche Chancen für alle Geschlechter proklamiert, Posten aber unter dem Deckmantel der Qualifizierung trotzdem nur an Männer vergeben werden, wenn unflätige Anmache am Arbeitsplatz zwar offiziell sanktioniert wird, die Grenze zwischen Spaß und Ernst jedoch immer im Ermessen des Betrachters liegt, nutzt uns das Fordern von Regelungen und Gesetzen nur noch bedingt. Es geht nicht mehr um den ersten Schritt, in Gesetzen festzuschreiben, dass Männer und Frauen gleich zu behandeln sind, es geht nun um den zweiten Schritt, dass beide Geschlechter auch tatsächlich gleich behandelt werden.

Wir Feministinnen im neuen Jahrtausend treten ein zweischneidiges Erbe an. Rechtlich ist bereits viel erreicht worden (auch wenn hier noch einiges im Argen liegt, alleine schon, wenn wir uns das Thema Entgeltgleichheit anschauen). Da stehen wir auf den Schultern vieler Frauen vor uns. Gesellschaftlich sind wir noch lange nicht da angelangt, wo wir hin müssen. Das ist für uns, ehrlich gesagt, auch nicht immer leicht. Gegen ein Gesetz zu demonstrieren – und dafür zu mobilisieren – ist einfacher als gegen eine Einstellung oder bestimmte Handlungsmuster. Dennoch müssen wir damit umgehen, und das tun wir. Wir versuchen neue, kreative Lösungen für alte, hergebrachte Probleme der Geschlechterungerechtigkeit zu finden.

Feminismus heute

Junge Frauen versuchen gerade in den letzten Jahren immer wieder, neue Methoden auszuprobieren und den Feminismus, nach einer ziemlichen Durststrecke in den 1990er-Jahren, salonfähig zu machen. Die feministisch angehauchte Journalistin und Autorin Thea Dorn, veröffentlichte 2005 das Buch „Die neue F-Klasse", welches Essays und Interviews von erfolgreichen Frauen unterschiedlichster Profession enthält. „Wie die Zukunft von Frauen gemacht wird" lautete ihr damals durchaus provokanter Untertitel. Den Ausschlag für eine Neuinterpretation des Feminismus gab jedoch Katja Kullman 2002, mit ihrer „Generation Ally". In Anlehnung an die Ende der 1990er-Jahre prominente Fernsehserie „Ally McBeal", in der als eine der ersten die Karriere einer jungen Frau im Mittelpunkt steht – der neurotischen und überdrehten Ally –, lautete der passende Untertitel „Warum es heute so kompliziert ist, eine Frau zu sein."

Während diese beiden Autorinnen vor dem Wort „Feminismus" noch zurückschrecken oder ihn ironisieren („Der Feminismus ist tot, es lebe der F-Klassenkampf", schrieb Thea Dorn in ihrem Buch), haben die 2008 erschienen „Alpha-Mädchen" schon weit weniger Berührungsängste. „Warum der Feminismus das Leben schöner macht", so lautet ihr Untertitel. Die dort beschriebenen Problematiken, wie die Identität des Feminismus, Sexualität und Schönheit, Medien und Mutterschaft, greifen zwar strategische Fragestellungen des herkömmlichen Feminismus auf, erweitern diese jedoch um aktuelle und moderne Sichtweisen und Interpretationen.

Auch Charlotte Roche hat mit ihrem Roman „Feuchtgebiete" feministische Ansätze, wie beispielsweise die Verwertbarkeit des weiblichen Körpers, aufgegriffen. Die Bedeutung, die die geneigte Leserin diesem Werk zurechnet, ist allerdings sicherlich auch eine Geschmacksfrage. Nicht zu leugnen ist jedoch, dass das Thema Feminismus durch diese und andere Bücher gerade in den letzten Jahren neu entdeckt und auf die Tagesordnung gesetzt wurde.

Aber auch mit anderen Protestformen als dem üblichen Debatten-Band versuchen Frauen immer wieder, auf ihre Ungleichbehandlung aufmerksam zu machen. Seit 2008 begehen unterschiedliche, durchaus nicht als umstürzlerisch bekannte Organisationen wie das Frauennetzwerk Business and Professional Women (BPW) oder die Bundesvereinigung der Deutschen Arbeitgeberverbände (BDA) sowie der Deutsche Frauenrat (DF) den Equal Pay Day. Dies ist der Tag, bis zu dem Frauen aufgrund der Lohndifferenz zwischen den Geschlechtern sozusagen umsonst arbeiten. In Deutschland liegt dieser Tag traditionell nach zirka 23 bis 25 Prozent des Jahres, also irgendwann Ende März.

Diese neuen Feminismus-Formen sind durchaus von großer Bedeutung. Lange, zu lange, schien der Begriff der „Feministin“ mit männermordenden Lila-Latzhosen gleichgesetzt worden zu sein. Von vielen Frauen waren Sätze zu hören wie „Feminismus? Damit will ich nichts zu tun haben“. An einigen Stellen greifen die oben dargestellten, individuellen Interpretationen des Feminismus jedoch zu kurz. Sie können nur eine Säule in einer umfassenderen Gleichstellungsdebatte sein. Eine Bewegung, die einen umfassenden gesellschaftlichen Anspruch haben will, benötigt neben einem rosa Cover, der Aufzählung geschlechterspezifischer Benachteiligungen, Beschreibungen weiblicher Sexualpraktiken und ganz viel Aufmerksamkeit noch einiges mehr. Wichtig ist ein theoretischer Überbau und ein gesellschaftsanalytisches Fundament, die klarmachen: Diskriminierungen sind nicht nur Einzelschicksale, sondern strukturell in unserer Gesellschaft angelegt und manchmal sogar strategisch und interessengeleitet. Es steckt nicht nur Unkenntnis hinter Aussagen wie „Männer haben ein besseres räumliches Vorstellungsvermögen als Frauen", sondern manchmal durchaus auch böse Absicht zur Verteidigung gesellschaftlicher Machtverhältnisse, die nach wie vor als patriarchal bezeichnet werden können. Außerdem fehlen konkrete Umsetzungs- und Gestaltungsansätze sowie strategisch durchdachte Konzeptionen, die als Antwort auf die identifizierte Problemlage angeboten werden.

Ganz absichtlich halten sich die Vertreterinnen des „Neuen Feminismus" von gestaltungsfähigen Großorganisationen wie Parteien und Gewerkschaften fern. Ohne politischen Anschluss können Handlungsempfehlungen nur als Appell an die handelnden Akteure herangetragen werden. Wir Frauen müssen jedoch mehr als appellieren, wenn sich endlich etwas bewegen soll. Wir müssen selbst etwas bewegen.

Facetten einer neuen, politischen Frauenbewegung

Die politische Interpretation dieser Potenziale steht nur uns zu, liebe Damen – den politischen jungen Frauen, die zwar Feminismus für sexy, Intim-Chirurgie aber nicht für eine feministische Revolution halten. Wir brauchen neue Definitionen, neue Antworten auf die immer gleiche Frage: Wie realisieren wir Gleichstellung? Wie kommen wir zu einer geschlechtergerechten Gesellschaft? Wir brauchen eine neue, politische Frauenbewegung. Das bedeutet natürlich auf der einen Seite, neue Impulse aus Pop und Kultur aufzunehmen. Dass Feminismus wieder salonfähig geworden ist, ist eine gute und wichtige Ausgangsbasis, auch für reale Änderungen der Gesellschaft einzutreten. Gleichzeitig benötigen wir jedoch auch eine politische, und das heißt auch parteipolitische, Vernetzung, um die aus der breiten Gesellschaft entstehenden Ideen und Anregungen auch schlagkräftig politisch vertreten und umsetzen zu können.

Das Beschreiben ihres eigenen, persönlichen Schicksals als Frau im heutigen Deutschland, wie es beispielsweise Jana Hensel und Elisabeth Raether in ihrem autobiographischen Band „Neue deutsche Mädchen" tun, ist sozusagen die moderne Interpretation des alten Schlachtrufs der Frauenbewegung „Das Private ist politisch!". Wichtig ist dabei jedoch, und immer gewesen, dass frau bei der Beschreibung allein nicht Halt macht, sondern ihr Leben und ihr Schicksal in einen gesellschaftlichen und politischen Kontext setzt. Die eigenen Erfahrungen müssen in einen gesamtgesellschaftlichen Rahmen eingeordnet werden. Im besten Falle entstehen daraus dann auch gesellschaftliche Interpretationen, und es werden Schlussfolgerungen gezogen, wie das eigene Leben und damit auch die ganze Gesellschaft verändert werden kann. Genau dies fehlt fast immer bei den Pro-tagonistinnen des neuen deutschen Feminismus.

Das ist im Grunde aber auch OK. Denn diese Einordnung zu leisten ist nicht die Aufgabe des Feuilletons oder von einigen Alpha-Mädchen, sondern die Aufgabe der Politik. Darin jedoch hat die Sozialdemokratie, als eine der zentralen historischen Trägerinnen der Frauenbewegung (Stichwort Realisierung des Frauenwahlrechts) in der letzten Zeit kläglich versagt. Die Frauenbewegung war vermutlich noch nie so sehr losgelöst von der politischen Handlungsebene wie heute. Anstatt neue Ideen und Impulse aus der Gesellschaft aufzugreifen und für uns sozialdemokratisch zu interpretieren, waren auch einige sozialdemokratische Frauen schnell bei der Hand, neue Mädchen, Ally-Prinzipien und F-Klassen als unpolitisch zu deklassieren.

Wenn die Sozialdemokratie nicht nur der Beginn der politischen Frauenbewegung sein will, sondern auch ihre Zukunft, muss sich dies radikal ändern. Bei den letzten Bundestagswahlen hat die SPD gerade unter den jungen Frauen schmerzliche Stimmen- und vor allem Vertrauenseinbußen hinnehmen müssen. Dies ist kein Zufall, sondern ein Trend, und muss uns zu denken geben. Mit starken Frauen und konsequenter Gleichstellungspolitik wird die Sozialdemokratie schon lange nicht mehr assoziiert. Die Sozialdemokratie hat es also nicht nur verpasst, den fälligen theoretischen und politischen Überbau des „Neuen Feminismus“ zu liefern, sondern außerdem massiv an Strahlkraft verloren. Hoffnungsträgerin einer neuen feministischen Bewegung ist sie längst nicht mehr.

„Es muss sich etwas in den Köpfen ändern“, so viel haben zumindest einige Menschen mittlerweile begriffen. Es muss sich etwas in den Köpfen ändern von Menschen, insbesondere Männern, die immer noch hochdotierte Positionen eher an Männer vergeben als an Frauen, denen bei der Einladung von Diskussionsteilnehmern für Podiumsveranstaltung nur Männer einfallen, und die die Frauen, die vielleicht wissenschaftlich an diesem Thema arbeiten oder in unterschiedlichen politischen Funktionen für dieses zuständig sind, ständig nicht „auf dem Schirm haben“. Es muss sich etwas ändern in den Köpfen von den Leuten, die eine weibliche Übermacht wahrnehmen, wenn zwei von sechs Polit-Talkshows im Fernsehen von Frauen moderiert werden. Eine Forderung nach „Änderung in den Köpfen“ ist jedoch häufig mit dem Nachsatz verbunden: Da können Regelungen und Gesetze nicht mehr weiterhelfen. Das ist falsch.

Gestalterische Gesetzgebung kann gesellschaftliche Wahrnehmung ändern. Das haben wir in den unterschiedlichsten Zusammenhängen, beispielsweise bei der Einführung des Elterngeldes oder der Verschärfung des Raucherschutzes erlebt. Als „Wickelvolontariat“ war das Elterngeld zu Anfang verschrien, nicht nur konservative Politiker machten sich allenthalben darüber lustig. Heute, nur drei Jahre nach seiner Einführung, wundert sich kaum jemand mehr, wenn Männer für zwei Monate von ihrem Arbeitsplatz verschwinden und in „Elternzeit“ gehen. Ähnlich schnell verändert sich auch unsere Wahrnehmung was das „öffentliche Rauchen“ angeht. Als ich 2003 das erste mal in New York war, was habe ich da gelacht über die verrückten Amerikaner, die einen für jede einzelne Zigarette vor die Tür schicken. „So was würde es in Deutschland niemals geben“, habe ich damals gedacht. Keine zehn Jahre später bin ich jedes Mal höchst überrascht, wenn man in deutschen Restaurants oder Bars noch auflagenfrei Rauchringe in die Luft blasen darf.

Daraus lernen wir immer wieder: Die Köpfe ändern sich nicht von allein. Die Realität, die wir erleben, prägt unsere Wahrnehmung und kann diese damit auch verändern. Es ist Aufgabe, mit der Macht des politisch Möglichen und mit Hilfe progressiver Initiativen Bewusstseinswandel herzustellen. Oder anders ausgedrückt: Das gesellschaftliche Sein bestimmt das Bewusstsein.

Deshalb dürfen wir Feministinnen und Feministen bei dem Erreichten nicht Halt machen. Es ist an uns, weiterhin auf Ungerechtigkeiten und Ungleichbehandlungen hinzuweisen und Alltagsdiskriminierungen, die von so vielen Menschen gar nicht mehr wahrgenommen werden, anzuprangern. Und es ist an uns, für neue Regelungen und Bestimmungen einzustehen, die Realität und damit auch Wahrnehmung verändert. So dass eines Tages, wenn ein Aufsichtsrat aus lauter Männern besteht, dies zumindest ein Grund zum Wundern ist.

Klar muss dabei auch sein, wir kämpfen nicht gegen die Männer, wir kämpfen gegen ein patriarchales System, eine männlich geprägte Gesellschaft, in der immer noch diejenigen am weitesten kommen, die die viel beschworenen männlichen Eigenschaften wie Durchsetzungsvermögen, Aggressivität und Machtstreben am besten ein- und umsetzen. Feminismus kommt dabei nicht ohne Gesellschaftskritik aus. Denn viele der eingangs angerissenen Problematiken sind keine rein gleichstellungspolitischen Fragestellungen, sondern, das wird man wohl noch sagen dürfen, Kapitalismusprobleme. Menschen nach der Verwertbarkeit ihres Körpers zu bemessen, wie beispielsweise die Mutterschaftsdebatte dies tut, die jungen Frauen ihren angeblichen Gebärstreik vorwirft, oder dass männlich zugeordnete Attribute wie Aggressivität und Machtstreben als bester, wenn nicht gar einziger Weg zur Unternehmensführung gilt, ist nicht nur Ausdruck einer patriarchalen, sondern auch einer kapitalistischen Gesellschaft.

Aber wie schaut der Weg in eine geschlechtergerechte Gesellschaft denn nun aus? An welchen Stellschrauben müssen wir drehen, damit sich endlich etwas tut in Deutschland? Ein neuer politischer Feminismus muss her. Ein Feminismus, der alle Frauen mitnimmt und nicht nur auf die „oberen Zehntausend" blickt. Ein Feminismus in dem Frauen in kritischer Solidarität zueinander stehen und nicht zu den größten Feindinnen von Frauen werden, sobald sie selbst etwas erreicht haben. Ein Feminismus, der in Großorganisationen wie Parteien und Gewerkschaften nicht nur einen unüberwindlichen Filz sieht, sondern auch Möglichkeit und Ansporn, dort selbst etwas zu bewegen. Kurzum, eine neue politische Frauenbewegung, laut, kritisch, fordernd.

Feminismus für Alle!

Feminismus war und ist zu einem großen Teil ein Mittelschichten-Phänomen. „Bewegte Frauen" früher und heute kommen häufig aus einem privilegierten, wenn nicht gar bürgerlichen Milieu und sind gut ausgebildet. Auch die Anführerinnen des oben beschriebenen „Neuen Feminismus" sind durchweg hochqualifiziert. Allein der Titel des Buches „Alpha-Mädchen" spricht in diesem Zusammenhang Bände.

Das ist nicht an sich verwerflich. Schließlich stimmt Klaus Ernsts Aussage: „Man kann auch gegen Armut sein, ohne selbst arm zu sein", auch in Bezug auf das Thema Gleichstellung. Allerdings wird dies dann zum Problem, wenn dieser Feminismus, wenn diese Bewegung gar nicht mehr den Anspruch hat, alle Frauen zu erreichen, sondern es sich in ihrem Eliten-Feminismus schön behaglich macht.

Aussagen wie „Wir sind gut ausgebildet, wir sind erfolgreich, jetzt erobert eine neue Frauengeneration die Herzen und Chefetagen" spielen in vielen der neuen, sexy Feminismus-Handreichungen eine wichtige Rolle. Damit kommt frau auch in die Feuilletons. Klingt ja auch viel attraktiver als: „Wir machen die Jobs, die euch zu blöd sind, die kein Prestige haben und keine Aufstiegsmöglichkeiten, und wenn wir doch mal in irgendeine interessante Position kommen: keine Bange, wir verdienen trotzdem weniger als ihr". Dennoch bestimmt immer noch eher die zweite Aussage das Leben der meisten Frauen in Deutschland.

Ein emanzipatorischer Anspruch an die Frauenbewegung, nicht nur für die eigene „F-Klasse", sondern auch für die eigene Putzfrau, fehlt dem Mädchen-Feminismus. Dieser emanzipatorische Anspruch ist für eine politische Interpretation des Feminismus jedoch unverzichtbar.

Die gut ausgebildeten jungen Frauen sind es auch, an denen Neokonservative immer wieder in perfider Art und Weise versuchen aufzuzeigen, dass der Feminismus überflüssig geworden sei, dass Frauen es doch offensichtlich geschafft hätten. Wenn Frauen mit so viel Engagement, mit so viel Erfolg an die Universitäten streben, wie uns im Feuilleton weiß gemacht wird, wozu sollen dann noch Förderprogramme für Frauen nötig sein, wird gerätselt. Sind es nicht vielleicht sogar eher die Männer, die, von so viel Frauenpower eingeschüchtert, unserer gesellschaftlichen Unterstützung bedürfen? Einige Frauen steigen sogar dankbar darauf ein. Als privilegierte Ergebnisse des Kapitalismus bekommen sie einen ganz eignen Geschlechtervertrag: die Möglichkeit der Teilhabe für einige wenige von euch gegen die Beibehaltung des Systems überwiegender Diskriminierung an sich.

Für eine neue, für eine politische Frauenbewegung ist es aber wichtig, alle Frauen mitzunehmen, für alle

Frauen offen zu sein und Angebote zu haben. Für die erfolgreiche Gleichstellung zwischen Frau und Mann müssen wir das Leben von allen Frauen im Blick haben. Feminismus geht nicht ohne eine grundlegende Änderung am Gesellschaftsvertrag. Dafür müssen wir ebenso eine Frauenquote in Aufsichtsräten fordern, wie gegen unmenschliche Arbeitsbedingungen im Dienstleistungssektor streiten, in dem noch immer hauptsächlich Frauen arbeiten. Für Mindestlöhne eintreten, die wohlgemerkt bereits vor 100 Jahren auf dem 1. Weltfrauentag zur besseren wirtschaftlichen Absicherung von Frauen gefordert wurden. Für eine reale und praktikable Möglichkeit der Kinderbetreuung eintreten, auch für Frauen, die sich nicht mal eben eine Kinderfrau leisten können. Das bedeutet auch, dass wir Probleme von Altersarmut, die hauptsächlich Frauen aus den unteren Einkommensklassen betreffen, thematisieren müssen.

Dafür müssen wir die richtige Ansprache finden. Wenn wir einer Kassiererin bei Lidl die problematische Interferenz zwischen Sexualität und Sein der Frau in der postmodernen Gesellschaft erläutern, geht sie vielleicht nicht sofort auf die Barrikaden. Wenn wir jedoch versuchen, klar zu machen, dass Frauen jedes Jahr gute 20 Prozent weniger verdienen als Männer, was für ein Bruttogehalt von 1500 Euro bereits einen gebrauchten Kleinwagen jährlich bedeuten kann, kann es schon leichter sein, die nötige Wut für ein klares „So nicht!" zu entfesseln.

Auch ein weiterer Aspekt darf in der Debatte um Feminismus und Gleichstellung nicht vergessen werden: Gewalt gegen Frauen. Es ist gut und wichtig, dass sich ein neuer Feminismus von der Opferrolle der Frauen befreit und emanzipiert hat. Dennoch kann und darf bei aller Alpha-Frauen-Hysterie nicht vergessen werden, dass Gewalt gegen Frauen auch in Deutschland leider noch immer an der Tagesordnung ist. Jede dritte Frau in Deutschland ist mindestens einmal in ihrem Leben Opfer von psychischer, körperlicher oder sexualisierter Gewalt. Und dies betrifft nicht nur, wie landläufig gerne behauptet und diskutiert wird, Frauen und Mädchen aus Familien mit muslimischem Hintergrund. In der Debatte um jungen und hippen Feminismus wird dieser Aspekt auch von Frauen selbst gerne ausgeklammert. Zum Glück haben viele Frauen, gerade die gut ausgebildeten und selbstbewussten Frauen, aus denen sich der neue Feminismus hauptsächlich rekrutiert, diese Erfahrungen nicht, oder noch nicht, machen müssen. Viele Frauen sind zurecht froh, das Stigma des „ewigen Opfers" endlich hinter sich lassen zu können. Dabei dürfen wir jedoch die Augen nicht vor weiterhin existierender Gewalt gegen Frauen verschließen oder, schlimmer noch, als „selbst schuld" titulieren. Es ist und bleibt unsere Aufgabe als Frauenbewegung, weiterhin mit aller Macht und Härte gegen Gewalt aus Frauenhass vorzugehen. Wir brauchen mehr und besseren Opferschutz. Die Rücknahme von Frauen- und Mädchenförderprojekten zugunsten der Förderung ach so benachteiligter Jungen und Männer, wie beispielsweise von Bundesfamilienministerin Kristina Schröder gefordert, klingt dabei in den Ohren vieler betroffener Frauen wie blanker Hohn. Denn Gewalt gegen Frauen ist weder selten noch zufällig, sondern strukturell in den Wert- und Akzeptanzvorstellungen vieler Männer gegenüber Frauen begründet.

Wir müssen gemeinsam kämpfen, denn tatsächlich sind wir nur gemeinsam stark. Fatal ist es, wenn Frauen mit unterschiedlichen Interessen mehr gegeneinander arbeiten, anstatt gemeinsam für eine geschlechtergerechte Welt einzustehen von der wir insgesamt alle mehr profitieren, als von Einzelvorteilen.

„Feminismus für Alle" bedeutet natürlich auch: Feminismus für Männer. „Der Feminismus muss auch die Männer mitnehmen" wird in diesem Zusammenhang von vielen gefordert. Gerne, wir laden euch ein, kämpft mit uns für eine geschlechtergerechte Gesellschaft. Genau wie in vielen anderen Strömungen zur Gleichstellung von Minderheiten kommt ja meist erst richtig Fahrt auf, wenn auch Personen der Mehrheitsgesellschaft gegen diese Unterdrückung einstehen. Männer, die ein klares Bekenntnis für den Kampf zur Gleichstellung der Geschlechter abgeben, sind demnach ein großer Gewinn für unsere feministische Bewegung. Also, liebe Männer, werdet Feministen! Weniger Leistungsdruck, mehr Zeit für die Kinder, Beziehungen auf Augenhöhe in der ihr nicht mehr allein die Verantwortung für Wohl und Weh der Familie zuständig seid, wär das nicht was?

Klar muss dabei aber auch sein: Wenn ihr nicht freiwillig kommt, dann müssen wir die Gesellschaft ohne euch verändern. Ich hab nämlich genug davon, die Männer zu hofieren, um sie bitte, bitte zum Mitmachen zu bewegen. Weil es ja auch für die Männer selbst viel besser wäre, in einer freien, statt in einer patriarchalen Gesellschaft zu leben. Wir können aber nicht mehr drauf warten, dass alle Männer dies endlich selbst erkennen. Sie haben es sich ja auch schon wieder ganz schön bequem gemacht, in ihrer Rolle: Mehrverdiener, Staatenlenker und Teilzeitvater, der vielleicht für die Baumhäuser, nicht aber für den Abwasch zuständig ist.

Machterhaltende Strukturen, wie die patriarchale Gesellschaft eine ist, wurden selten freiwillig, wurden selten kampflos aufgegeben. Also, machen wir uns nichts vor. Wir können nicht auf alle Männer warten. Wir müssen vorausgehen bis sie nicht anders können, als nachzukommen.

Für eine neue politische Frauenbewegung müssen wir also so viele wie möglich sein. Frauen und Männer, Aufsichtsräte und ErzieherInnen. Diese Zusammenarbeit ist nicht immer ganz leicht, aber es lohnt sich, denn nur dann wird eine neue politische Frauenbewegung wirkungsvoll sein können.

Frauensolidarität

Scharfe Töne zum Zustand der deutschen Frauenbewegung haben wir in den letzten Jahren nicht nur hämisch aus den männlich-machistischen Feuilletons gehört. Auch aus den eigenen Reihen brach sich immer wieder Kritik Bahn. Den jüngeren Damen war einiges zu verkniffen, zu altbacken, unsexy. „Ihr habt doch gar keine Ahnung" kam der prompte Konter aus den Reihen vieler Feministinnen der alten Schule. Während die einen, wie Charlotte Roche oder Thea Dorn, Alice Schwarzer und beispielsweise ihre Thesen zur Pornographie als nicht mehr zeitgemäß abkanzeln, rächt sich die Zeitschrift *Emma* mit einem „Abgesang auf selbsternannte Alpha-Mädchen". In kaum zu überbietender Arroganz lautet der Titel dieses Artikels „Um Himmels Willen, Spätzchen" und erklärt, dass alles, was junge Frauen heute sagen und fordern, entweder dumm ist oder aus der Emma stamme. Anstatt sich zusammenzutun, den wahren Feind der Gleichstellung zu identifizieren und gemeinsam zu bekämpfen werden so andere Frauen und ihre Beweggründe, sich feministisch zu engagieren, attackiert. Schnell konnte frau den Eindruck gewinnen, Neid oder Missgunst über den Erfolg der Anderen sei der wahre Motor dieser Debatte.

Tatsächlich dürfte dies wohl kaum die erste Kontroverse um die Deutungshoheit im Feminismus sein. Auch innerhalb der letzten, der zweiten Welle des Feminismus, gab es Streitigkeiten um die Auslegung der neusten feministischen Theorien. Es gab Meinungsverschiedenheiten zwischen und innerhalb der unterschiedlichen Strömungen, zwischen sozialistischen und bürgerlichen Feministinnen, zwischen Differenz- und Gleichheitsfeministinnen und immer wieder zwischen verschiedenen Generationen. Ende der 1960er-Jahre schrieb Simone de Beauvoir in einem Text, sie warte auf die neuen, jungen Frauen. Die waren ihr damals nicht theoriegeleitet genug. Auch früher war anscheinend nicht immer alles eitel Sonnenschein.

Dabei ist es doch so wichtig, dass sich „junge“ und „alte“ Feministinnen nicht gegeneinander ausspielen lassen. Lassen wir uns auseinanderdividieren, gewinnt eine Frauenbewegung, und die Möglichkeit, reale Änderungen für ein gleichberechtigtes Leben zu schaffen, sicher nicht an Fahrt. Ein solidarischer Feminismus muss her. Ein Feminismus, in dem nicht nur neidisch auf die Erfolge anderer Frauen geschaut wird, sondern der diese stolz als Teil eines Ganzen versteht. Ein Feminismus, der unterschiedliche Wege, unterschiedliche Rollen der Protagonistinnen im Kampf für eine geschlechtergerechte Gesellschaft akzeptiert, vielleicht sogar vorantreibt und unterstützt. Denn die Probleme, vor denen die verschiedenen Frauen stehen, sind doch im Prinzip die gleichen.

Ungleiche Entlohnung von Frauen- und Männerarbeit, Alltagsdiskriminierung, mangelnde Kinderbetreuung (die Frauen immer noch die Karriere kosten), Karriereknick auch ohne Kinder (allein weil wir Frauen sind), Gewalt, Sexualisierung und, und, und. Und auch das Ziel von Alpha-Mädchen und Alice Schwarzer ist nicht so unterschiedlich. Eine diskriminierungsfreie Gesellschaft, in der nicht das Geschlecht über den Lebensweg von Menschen entscheidet ist es, wofür früher wie heute gekämpft wird.

Auch, und da dürfen wir uns nichts vormachen, politische Einstellungen verlaufen beim Thema Gleichstellungspolitik durchaus quer. Frau sein an sich führt noch nicht per se zu fortschrittlichem Denken. Während Ursula von der Leyen als CDU-Ministerin das Elterngeld einführte, um die Vereinbarkeit von Familie und Beruf für Frauen zu erleichtern, und Silvana Koch-Mehrin von der FDP die Abschaffung des Ehegattensplitting fordert, agierte Christa Müller von der Linkspartei 2008 gegen die „Fremdbetreuung" von kleinen Kindern. Doch es ist der Schulterschluss von Feministinnen und Feministen auch unterschiedlicher politischer Couleur, was eine Frauenbewegung wieder stark machen kann. Und bei diesem solidarischen Zusammenschluss der Kräfte, die für eine fortschrittliche Frauen- und Gleichstellungspolitik eintreten wollen, sind natürlich auch wieder Männer herzlich willkommen.

Dies soll kein Plädoyer dafür sein, dass nur alle Frauen nett zueinander sein sollten und dann seien alle weiteren gleichstellungspolitischen Probleme beseitigt. Tatsächlich ist es eher selten in der Geschichte ein Problem von Frauen gewesen, nicht „nett genug" zu sein.

Ich möchte keineswegs Harmoniesoße über alle Frauen schütten und ihnen das Streiten verbieten. Es wäre furchtbar, Frauen an dieser Stelle mal wieder zu den „besseren Menschen“ machen zu wollen, und zu glauben, Probleme und Meinungsverschiedenheiten von Frauen miteinander seien zwangsläufig auf ihre Eigenschaften als Frau zurückzuführen und damit sofort „Stutenbissigkeit“. Die Unterschiedlichkeit von Frauen ist etwas, dass in der Debatte um Gleichstellung von den Geschlechtern betont und nicht negiert werden darf. Unterschiedliche Einstellungen, unterschiedliche Erfahrungen führen zwangsläufig zu unterschiedlichen Meinungen. Und über unterschiedliche Meinungen kann und muss gestritten werden, klar.

Bei den Debatten zwischen Feministinnen, ob jung versus alt, ob Differenz versus Gleichheit haben sich allerdings immer gerne gerade solche Stimmen eingemischt, denen ich ihre ehrliche Sorge um den Niedergang des Feminismus nicht recht abkaufen mag. Schnell wird ein jedes Wort von einer Frau auf die Gold-Waage gelegt, ihnen Zickigkeit oder Tratschsucht nachgesagt, und schon ist der Feminismus am Ende. Vor keiner inhaltlichen Debatte sollten wir uns scheuen, jedoch genau darauf achten, wer gerade einen Streit um die Zukunft des Feminismus vom Zaun bricht und vor allem warum.

Die Diskussion darüber, welche Handlungen, welche Forderungen, welches Benehmen feministisch sind, und welche(s) nicht, hat, wie oben angedeutet, schon ganze Frauengenerationen gegeneinander aufgebracht. Leider ist es jedoch so, dass wir diese Kämpfe nicht nur miteinander, sondern auch in uns selbst führen müssen. Wenn ich mir heute Abend einen Schmacht-Streifen im

Fernsehen anschaue und mir morgen für die Zugfahrt die In-Style kaufe, kann ich dann überhaupt noch eine gute Feministin sein? Verrate ich meine Ideale, wenn ich trotz aller Beteuerung, selbst alles anders machen zu wollen, drei Jahre zu Hause bleibe, um meine Kinder zu betreuen?

In der gleichen Solidarität, in der wir zu anderen Frauen stehen sollten, müssen wir in solchen Fragen auch zu uns selber stehen. Keine von uns ist dazu verpflichtet, ihr eigenes, privates Lebensglück dem Feminismus zu opfern, wenn dieses in Dingen wie einem Reese Witherspoon-Film liegt. Allerdings sind wir meiner Meinung nach schon dazu verpflichtet, unseren eigenen Entschlüssen immer wieder kritisch zu begegnen und uns die Frage zu stellen, wie frei wir in unseren Entscheidungen, beispielsweise arbeiten zu gehen oder zu Hause die Kinder zu betreuen, wirklich sind. Oder woher uns der Wunsch nach einem Hochglanz-Magazin mit Geschichten über „Sechs-Gänge Menüs zaubern und dabei glänzend aussehen" wirklich überfällt. Sollten wir dabei darauf stoßen, dass wir hier mal wieder einer geschlechter-stereotypischen Sozialisation aufgesessen sind, oder eben unsere Entscheidung doch nicht ganz so frei war, weil kein Kindergartenplatz zu bekommen war, oder wir selbst einfach nicht genug verdient haben, um dem Partner die Kinderbetreuung zu überlassen, müssen wir das gerade gekaufte Magazin weder verbrennen noch die Kinder zu Hause sich selbst überlassen. Sondern wir müssen uns eingestehen, dass kein Mensch, auch Feministinnen nicht, außerhalb der Gesellschaft steht.

Viel zu schnell neigen Menschen dazu, Zwänge, die von außen auferlegt werden, als eigene Entscheidungen anzunehmen, und, da ihre Handlungen nicht oder nicht mehr zu verändern sind, wenigstens ihr Denken ihren Handlungen anzupassen. Die Psychologie nennt dieses Phänomen „kognitive Dissonanz". Nur damit ist es vielleicht zu erklären, dass ausgemachte Karrierefrauen wie eine Tagesschausprecherin, kaum dass sie ein Kind bekommt, dessen Pflege sie zu Hause selbst übernimmt, zur Übermutter der Nation mutiert, wie beispielsweise bei Eva Herman geschehen. Wir müssen uns aber davor hüten, patriarchale Denkmuster anzunehmen, nur weil wir in einer patriarchalen Gesellschaft leben! Diese Inkongruenzen, diese inhaltlichen Dissonanzen müssen wir als Feministinnen in einer nicht-feministischen Welt aushalten können.

Zu einer wirklich umfassenden Frauensolidarität gehört es auch, nicht nur nach Deutschland zu schauen, sondern die Probleme und Schwierigkeiten von Frauen auf der ganzen Welt in den Blick zu nehmen. Die Frauenbewegung war und ist eine internationale Angelegenheit. Deshalb heißt es ja auch „Weltfrauentag", dessen 100-jähriges Bestehen wir in diesem Jahr feiern. Allerdings ist festzustellen, dass, gerade in den letzten Jahren, die hiesige Frauenbewegung sehr um sich selbst und höchstens noch um Deutschland kreiste. Keine Frage, wir haben einige Fortschritte erzielt, in den letzten Jahren. Dabei dürfen wir jedoch nicht vergessen, dass Frauen überall auf der Welt diskriminiert und unterdrückt werden, teilweise mit Mitteln, die wir uns hier in Deutschland gar nicht mehr vorstellen können. Nach Schätzungen der Weltgesundheitsorganisation (WHO) sind weltweit zwischen 100 und 140 Millionen Frauen und Mädchen an den Genitalien verstümmelt, was zu starken Schmerzen und erheblichen gesundheitlichen Problemen führt. Auch vor diesen drastischen Auswirkungen von systematischer Frauendiskriminierung darf eine politische Frauenbewegung die Augen nicht verschließen und muss immer wieder auf diese und andere frauenverachtenden Praktiken aufmerksam machen. Bis solche Methoden nicht vollends überwunden sind, will ich von niemandem mehr hören, der Feminismus hätte ausgedient.

Aber auch positive Beispiele können wir bei einem Blick über die eigenen Landesgrenzen vermerken. Die Frauenquote in Aufsichtsräten, die hierzulande die Gemüter erregt, ist in Norwegen bereits seit 2003 gang und gäbe. Dies zeigt aber auch, wie sehr sich die globalen Ungleichheiten in Fragen der Gleichstellung noch vertiefen.

„Frauen aller Länder, vereinigt euch", möchte frau da fast sagen. In Solidarität für die gemeinsamen Ziele streiten. Bündnispartnerinnen suchen, vielleicht auch da, wo wir sie zuerst nicht vermutet haben, und dabei das große Ganze und die Frauenpolitik in aller Welt nicht aus dem Blick verlieren. Das muss sich eine neue politische Frauenbewegung auf die Fahnen schreiben.

Die Biologie-Falle

„Typisch Mann – Typisch Frau" hieß eine Quizsendung, die vor ein paar Jahren im privaten Fernsehen ausgestrahlt wurde. Günther Jauch lächelt bei dem Trailer für diese Sendung über den kleinen Unterschied in die Kamera und flötete: *„Denn seien wir ehrlich, den gibt es nun mal"*. Dass dieser biologische Unterschied zwischen den Geschlechtern gerne bemüht wird, wenn keine Zeit oder keine Lust an der weiteren Erörterung der Ungleichbehandlung von Männern und Frauen besteht, ist weithin bekannt. Dass aber des Deutschen liebstes Kind, Günther Jauch, eine Quizshow moderiert, in der Männer und Frauen allein auf ihre biologischen Merkmale reduziert werden, und der Kampf der Geschlechter im Einparken und Bügeln ausgetragen wird, ohne dass sich irgendjemand darüber aufregt, hat selbst die Hartgesottensten unter uns überrascht.

Als Thilo Sarrazin 2010 mit seinem Buch „Deutschland schafft sich ab" für Furore sorgte, waren es nicht die Aussagen zu einer verfehlten Integrationspolitik, die die Gemüter erzürnte. Was ihm in den Augen vieler schlussendlich das Genick brach und ihn als den Rassisten entlarvte, dessen Zungenschlag sich durch alle seine Zeilen zieht, war seine in einem Zeitungsinterview geäußerte These, alle Juden teilten ein bestimmtes Gen. Die Zuschreibung bestimmter Gene für Intelligenz oder Betragen wurde schnell mit Genetik à la (nationalsozialistischer) Eugenik in Zusammenhang gebracht und zu Recht verteufelt. Der sozialdemokratische Parteivorsitzende Sigmar Gabriel schrieb eine durchaus gelungene Replik auf Sarrazin in dem Wochenblatt *Die Zeit* in der er Sarrazins biologistisch geprägtes Herrschaftsdenken über „oben" und „unten" durch Vererbung anprangert, sowie dessen „Jeder auf seinen Platz"-Mentalität, die sich in Aussagen wie *„Oft sind Menschen, die vorwiegend körperliche Arbeit verrichten, auch gar nicht geeignet für geistige oder verwaltende Tätigkeiten"* Bahn brechen. Das hat er gut gemacht.

Was mich jedoch wundert ist, dass dieselben Thesen, von Herkunft auf Geschlecht übertragen, tagtäglich in der Welt verbreitet werden. Die wilden Hypothesen, Männer und Frauen seien nun einmal unterschiedlich und dies sei in den Genen festgeschrieben: Die Einen könnten das Eine, die Anderen das Andere, da kann man nichts machen, haben noch nie Stürme der Entrüstung losgetreten. Munter wird weiterhin behauptet, räumliches Sehvermögen, mathematisches Verständnis oder unbedingter Wille zur Macht sei in der DNA von Männern festgeschrieben und deshalb nun einmal nicht in Frage zu stellen. Wo bleibt der Gang auf die Barrikaden bei solch hanebüchenen Genetik-Thesen von den linken Intellektuellen, die sich gut und inhaltlich fundiert mit Thilo Sarrazin auseinandergesetzt haben? Wo sind die Partei-Ausschluss-Forderungen, wenn hochrangige Genossen vorschlagen, die jungen Frauen in der SPD sollten wieder mehr Kinder bekommen und ihrer gesellschaftlichen Verantwortung zur Reproduktion nachkommen? Wo bleiben hier die StatistikerInnen irgendwelcher Universitäten, die uns vorrechnen, dass Unterschiede innerhalb eines Geschlechtes, sei es bezüglich Lesekompetenz, Spracherwerb oder gar Größe, wesentlich größer sind als die Unterschiede zwischen den Geschlechtern? Hier erwarte ich mehr Arrangement von den Sozialdemokraten, wenn es um geschlechtliche Genetik-Thesen geht.

„Natürlichkeit" und „angeboren" sind in diesem Zusammenhang viel bemühte und vor allem viel strapazierte Begrifflichkeiten. Allerdings: Wo bitte bleibt die „Natürlichkeit" im Leben in urbanen Großstadtmilieus, mit Heizung und Sonnenbank, mit drei Terminen in zwei Ländern an einem Tag? Haben wir die Umweltbedingungen, die uns formten nicht längst überlebt? Vielleicht waren klassische Rollen- und Emotionsaufteilung zwischen den Geschlechtern tatsächlich einmal sinnvoll. So wie der Blinddarm es sicher auch einmal war, oder das kleine Schwänzchen, das sich bei Föten im Mutterleib zuerst andeutet, dann jedoch abfällt.

Einige der Bedingungen oder gar Gene, die den homo sapiens bei der Menschwerdung formten, haben wir überlebt. Manche, ohne es zu merken, an der Überwindung anderer arbeiten wir bis heute gewissenhaft (beispielsweise tödliche Krankheiten). Die kulturelle und edukative Überformung von Veranlagung stellt in anderen Zusammenhängen als dem geschlechtlichen keinerlei Tabubruch dar. Zappeln Kinder viel rum und sind sie unruhig, haben wir kein „Natürlichkeits"-Problem damit, ihnen das Stillsitzen und Zuhören beizubringen. Nur sobald eine von uns an den starren Geschlechtergrenzen kratzt und die Überformung von sozialen weiblichen Konventionen wie „Stillen" oder „Bescheidenheit" fordert, wird von Bewahrern, von „Naturschützern" im wahrsten Sinne des Wortes, laut aufgeschrien. „Skandal" heißt es und „unnatürlich". Dabei sind die Geschlechtergrenzen zwischen Mann und Frau auch äußerlich lange nicht so starr wie sich die Gesellschaft einredet und selbst konstruiert. Schließlich müssen etliche Frauen in den Wechseljahren Hormone nehmen, damit sie nicht „zu männlich" werden. Deutet sich bei Frauen ein Damenbart an, wird dieser sofort beseitigt, Männer mit Brüsten bekommen diese chirurgisch entfernt. Wo bleibt da die „Natürlichkeit"?

So anstrengend diese Debatten um die „natürliche Bestimmung der Frau" auch sind und egal wie viel Brechreiz sie bei uns auslösen, wir Frauen kommen an vielen Stellen nicht drumrum, sie dennoch zu führen. Und dabei müssen wir die stereotypischen Geschlechterrollen als das entlarven, was sie sind: soziale Konstruktionen. Dass Mädchen lieber mit Puppen spielen und Jungs lieber mit Autos mag eine soziale Tatsache sein, eine genetische ist sie damit noch lange nicht.

Gerade die Unterschiedlichkeit von Jungen und Mädchen in Kindergärten und vor allem Grundschulen ist in den letzten Jahren und Monaten immer wieder diskutiert worden. Keine Wochenzeitung, die nicht über die „neuen Bildungsverlierer" berichtet, kein Magazin, das nicht sorgenvoll die Stirn in Falten legt, angesichts der neuesten Misere, die sich am Bildungsmarkt auftue: Jungen seien schlechter in der Schule als ihre weiblichen Altersgenossinnen, weniger kreativ und zeichneten sich vor allem durch mangelnden Ehrgeiz aus. Dass „der Anteil weiblicher Schüler an den Gymnasien wächst", war der *Zeit* 2007 keineswegs eine positive Notiz wert, sondern wurde als Beleg für ihre Sorge um die „kleinen Männer" aufgeführt. „Es wird nicht mehr lange dauern, dann werden auch die deutschen Hochschulen über das bessere Abschneiden der jungen Frauen bei Prüfungen berichten können", prophezeit Klaus Hurrelmann, Professor für Sozial und Gesundheitswissenschaften. Bisher hatten statistisch gesehen immer die Männer die Nase vorn, was Abschlüsse und Auszeichnungen angeht, in ein paar Jahren könnte das dann anders sein. Natürlich, und das erkennt auch Klaus Hurrelmann, wird es noch lange dauern, bis sich diese besseren Abschlüsse auch in Karrieren oder gar Lohn- und Gehaltshöhen niederschlagen werden, aber allein der Gedanke scheint so erschreckend, dass Jungen bundesweit als die neuen Bildungsverlierer identifiziert werden.

Sicher, dass verbreitete schlechtere Abschneiden von Jungen in der Schule ist bedenklich, und man muss sich diesem gewissenhaft widmen. Die Debatte um dieses Thema allerdings schlägt bewusst in die angstschürende, antifeministische Evolutionskerbe. Ein zentraler Grund für das schlechte Abschneiden von Jungs ist beispielsweise nach landläufiger Meinung, die „Übermacht der weiblichen Lehrkräfte, der sich Jungen in der Grundschule entgegensehen“, und von denen sie häufig benachteiligt würden. Ohne jeglichen Beweis für diese These. Im Gegenteil, die IGLU-Studie stellte fest, dass Jungen, die von Männern im Lesen unterrichtet wurden, nicht besser abschnitten, als Kinder, die eine Lehrerin hatten. Dennoch wird sie munter immer weiter verbreitet. Des Weiteren tritt ein nennenswerter Leistungsunterschied zwischen Jungen und Mädchen mitnichten in der Grundschule, wo hauptsächlich Frauen unterrichten, sondern erst in der weiterführenden Schule auf, wo etwa gleich viele Lehrer wie Lehrerinnen angestellt sind. Männer müssten wieder Männer sein dürfen, heißt es außerdem, auch Gewalt dürfe nicht einfach vom Schulhof verdrängt werden, Jungen bräuchten sowas halt! Rechenaufgaben mit Fußbällen für Jungen, mit Ponys für Mädchen. In einem biologistischen Rollback werden typisch männliche Eigenschaften den typisch weiblichen gegenübergestellt.

Die einstige „Bildungsbenachteiligung des katholischen Arbeitermädchens vom Lande wurde durch neue Bildungsverlierer abgelöst: die Jungen“, sagt Dieter Lenzen, der Vorsitzende des Aktionsrates Bildung dem *Spiegel*. Die sozialen Realitäten sehen jedoch ganz anders aus. Keinesfalls alle Jungen scheitern, sondern vor allem solche aus sozial schwachen Milieus. Ob ein Kind zu den Gewinnern oder den Verlierern unseres Bildungssystems gehört, ist keine geschlechtliche, sondern eine soziale Frage. Kein neuer Sachverhalt also, sondern ein beschämend alter. Auch Mädchen aus sozial benachteiligten Familien versagen tragisch oft im deutschen Bildungssystem. Die große Männermisere zu beschreien, verfügt jedoch über einen höheren Sensationswert, als erneut feststellen zu müssen, dass Kinder aus sozial schwachen Familien immer wieder benachteiligt werden. Der Graben zwischen den Geschlechtern wird mit solchen Debatten nur weiter vertieft, anstatt ihn endlich aufzuheben.

Dabei geht es längst nicht mehr nur um die armen kleinen Jungen, die schlecht in Rechtschreibung sind. Es geht um knallharte Verteilungskämpfe, es geht um Geld, es geht um Macht, es geht um Deutungshoheit. Beispielsweise um das Geld für spezielle Förderung von Jungen, um die Möglichkeit, das höhere Gehalt von Männern trotz schlechterer Schulleistungen irgendwie begründen zu können, oder um die Chance von strukturellen Benachteiligungen von Frauen und Mädchen, zum Beispiel im dualen Ausbildungssystem abzulenken. Dabei hat sogar der Männerforscher Jürgen Budde der Debatte „antifeministischen Züge" attestiert. Natürlich gibt es auch Situationen, in denen Jungen oder Männer ungerecht behandelt werden. Dennoch ist es wichtig, dabei klare Unterschiede festzumachen. Männerdiskriminierung ist ungerecht, aber episodenhaft, Frauendiskriminierung hingegen ist systematisch.

Ein kleines Bonmot zu obigen Ausführungen: Der vom „Verein der Bayerischen Wirtschaft" ins Leben gerufene Aktionsrat Bildung, der in seinen Studien die Benachteiligung von Jungen identifizierte, besteht aus „renommierten Bildungswissenschaftlern". Wenig überraschend sind das acht Männer. Erst seit dem letzten Jahr darf auch eine Professorin mitmachen.

Was bedeutet dies für uns? Dass sich Gleichstellungspolitik verstärkt auch an Männer richten muss, darin sind wir uns ja alle einig. Gleichstellung der Geschlechter von einem spezifischen Frauen-Fokus auch auf Männer auszuweiten, erschöpft sich allerdings nicht darin, für Männer die gleiche Summe an Fördermitteln zu fordern. Die männliche Verantwortung für die Durchsetzung von Geschlechtergerechtigkeit muss verstärkt werden, Männer müssen hier auch in die Pflicht genommen werden.

Immer wieder wird versucht, sowohl mit biologistisch-genetischen Argumenten als auch im Hinblick auf angebliche Benachteiligung von Jungen oder Männern, Frauen auf ihre Plätze zu verweisen. Dies dürfen wir uns nicht gefallen lassen, sondern müssen die Argumente der neokonservativen Besitzstandswahrer als verlogen und unzeitgemäß entlarven.

Selbstbestimmt leben

Als Mitglied einer Partei, die berechtigterweise weiterhin am Ziel der Vollbeschäftigung festhält, bedeutet dies natürlich, dass Arbeit und Beruf ein ganz besonderer Stellenwert eingeräumt werden muss. Eigenständige Erwerbsarbeit ist eine der wichtigsten Voraussetzungen für die Emanzipation von Frauen. Um ein selbstbestimmtes Leben zu führen, ist Erwerbsarbeit und eine weitgehend finanzielle Unabhängigkeit ein Schlüsselfaktor.

Noch immer stecken hauptsächlich Frauen beruflich zurück, um Arbeit in Haushalt und für die Familie zu leisten. Noch immer ist es zumeist das Problem von Frauen, Berufstätigkeit und Haushalt zu vereinbaren sowie die Vereinbarkeit von Familie und Beruf zu sichern. Reproduktionsarbeit ist gleichwohl die Voraussetzung von Erwerbsarbeit. Dies ist ebenfalls ein Grund, warum die Erwerbsarbeit zwischen den Geschlechtern weiterhin sehr unterschiedlich verteilt ist. Die durchschnittliche Erwerbsarbeitszeit von Frauen liegt mit 30,8 Stunden pro Woche knapp zehn Stunden unter denen der Männer (40,2 Stunden).

Bei der Teilzeitarbeit zeigt sich die größte Diskrepanz zwischen der wöchentlichen Arbeitszeit von Frauen und Männern: 85 Prozent der Teilzeitarbeitenden sind weiblich. Dabei ist es besonders auffällig, dass vor allem arbeitende Frauen mit Kindern eine Beschäftigung im Teilzeitmodell wählen. 28 Prozent der Paarhaushalte wählen das Vollzeit (Mann)/Teilzeit (Frau)-Modell, nur 3 Prozent praktizieren dieses mit umgekehrten Geschlechterverhältnissen. Mehr als die Hälfte aller arbeitenden Frauen mit Kindern arbeiten in dieser Form. In anderen Ländern, beispielsweise in Portugal oder Finnland, sind es nur 7 bis 8 Prozent. Hier wird deutlich: Der recht hohen Erwerbsbeteiligung von Frauen in Deutschland steht ein recht geringes Arbeitsvolumen von Frauen in bezahlter Arbeit gegenüber. Studien zeigen sogar, dass die Vollzeiterwerbstätigkeit bei Frauen zugunsten von Teilzeitarbeit gesunken ist.

Fragt man jedoch Frauen und Männer nach ihren Wunscharbeitszeiten, so liegen diese bei 37 Wochenstunden bei den Männern und bei 27 (West) bzw. 34 (Ost) Wochenstunden bei den Frauen (IAB Werkstattbericht 2002). Teilzeitarbeit ist also mitnichten das bevorzugte Arbeitsmodell von Frauen. An den Ergebnissen von Studien wie diesen sehen wir jedoch immer wieder, dass es für Frauen offenbar häufig keine andere Alternative gibt, als beruflich kürzer zu treten, um die Familie am Laufen zu halten.

Die gleiche Partizipation beider Geschlechter an Arbeit – was sowohl die unbezahlte, als auch bezahlte Arbeit einschließen muss – ist eine wichtige Voraussetzung einer gleichberechtigten Gesellschaft. Männer müssen mehr unbezahlte Arbeit im Haushalt übernehmen, auch damit Frauen in der Lage sind und genügend Zeit finden, ihr Auskommen mit einem eigenen Einkommen abzusichern. Es ist noch lange keine Seltenheit, dass in einer Familie mit zwei Vollzeitarbeitenden nach Feierabend der Mann die Füße hochlegt und die Frau den Haushalt weitgehend alleine schmeißt. Heißt im Prinzip: Männer lassen in den eigenen vier Wänden Gleichstellung gerne genauso weit zu, wie es bedeutet, dass ihre Frauen mehr Geld verdienen, sie selbst allerdings nicht mehr Aufgaben übernehmen müssen. Das ist, in einem sozialdemokratischen Sinne, weder solidarisch noch gerecht, es schränkt die Freiheit von Frauen vielmehr massiv ein.

Kampagnen zu dem Thema Frauen auf dem Arbeitsmarkt sind in der letzten Zeit verstärkt gefahren worden. „Mehr Frauen in Führungspositionen" ruft es von den Dächern der Zeitungs-Redaktionen. Das Anliegen ist richtig, weil es Frauen sichtbar macht und öffentlichkeitswirksame Kampagnen für gleichstellungspolitische Ziele sind wichtig. Die Einführung einer Frauenquote in Aufsichtsräten ist ohnehin schon lange überfällig. Oder wie es eine Freundin von mir ausdrückte: „Die Quote hat ihr Ziel erst dann erreicht, wenn genauso viele inkompetente Frauen in Führungspositionen sitzen wie inkompetente Männer".

Dennoch ist dieses gleichstellungspolitische Ziel, dass von den verschiedensten Parteien gerade ausgerufen wird, nur die Spitze eines Eisberges, dessen Ausmaße kaum genau zu beziffern sind. Denn wer glaubt, unser größtes gleichstellungspolitisches Problem auf dem Arbeitsmarkt wäre, dass Frauen stets auf der mittleren Führungsebene sitzen und wir nur nicht genug Professorinnen und Aufsichtsratsvorsitzende haben, sitzt eben jenem Mythos auf, der oben bereits angesprochen wurde. Dem Mythos, der Feminismus hätte die Gesellschaft längst durchdrungen, jetzt müssten wir die Frauen nur noch in die Vorstände holen und der letzte Rest des Machismos der Gesellschaft würde schon in naher Zukunft aussterben. Dies ist mitnichten der Fall. Putzfrauen, Mini-Joberinnen, Sekretärinnen, Assistentinnen, Helferinnen und Pflegerinnen: das ist Alltag der allermeisten berufstätigen Frauen. Frauen sind auf dem Arbeitsmarkt überall dort zu finden, wo es wenig Geld, wenig Aufstiegsmöglichkeiten, wenig Sicherheit und wenig Ansehen gibt. Deshalb muss die feministische Antwort darauf, wie es für Frauen möglich ist, selbstbestimmt zu leben – wozu auch gehört, zu gerechten Konditionen zu arbeiten – weit über die Erhöhung der Anzahl der weiblichen Aufsichtsräte hinausgehen. Zu einem selbstbestimmten Leben am Arbeitsplatz gehört die Möglichkeit, sich fortzubilden, ohne dafür die eigene finanzielle Sicherheit zu riskieren, für erzieherische und pflegerische Berufe, die häufiger von Frauen ausgeübt werden, endlich angemessen bezahlt zu werden, die eigenen Interessen durch eine MitarbeiterInnen-Vertretung mit aber auch gegen den Arbeitgeber durchsetzen zu können, der Schutz vor sexuellen Übergriffen oder Diskriminierung am Arbeitsplatz. All dies muss eine neue politische Frauenbewegung genau so auf der Agenda haben wie Prestige-Projekte um weibliche Aufsichtsräte.

Um selbstbestimmt leben zu können reicht es für Frauen jedoch nicht einfach aus, in ihrem eigenen Leben zu verharren, und dort, allein im Privaten, eine Lösung für gesellschaftlich angelegte Probleme, wie mangelnde Kinderbetreuung oder steuerliche Benachteiligungen zu suchen. Für ein wirklich selbstbestimmtes Leben müssen gesellschaftliche Strukturen verändert werden. Jede neue Möglichkeit, Lebensentscheidungen von Frauen selbstständig treffen zu können, musste hart erkämpft werden. Scheidungsrecht, freie Berufswahl, Recht auf Abtreibung, keine dieser Wahlmöglichkeiten wurden freiwillig von Regierungen eingeräumt, sondern mussten ihnen in einem gesellschaftspolitischen Entwicklungsprozess abgerungen werden.

Auch Geld spielt in diesem Zusammenhang eine wichtigere Rolle als vielen von uns lieb ist. Wir Frauen müssen erkennen und anerkennen, dass Geld in unserer Gesellschaft eine wichtige, wenn nicht die wichtigste Währung überhaupt ist. In Geld wird Wertschätzung für geleistete Arbeit ausgedrückt, es bemisst unseren Status, und, nicht zu vergessen, es macht uns satt, sichert Überleben und fördert die Risikobereitschaft. Ein selbstbestimmtes Leben lässt sich nicht führen ohne wenigstens ein Mindestmaß an finanzieller Unabhängigkeit.

Eine oft so typisch weibliche Einstellung wie „Ach, Geld allein macht auch nicht glücklich, Geld ist mir gar nicht so wichtig“, die sich unter anderem in den unterschiedlichen Berufswünschen und Ausbildungswahlen niederschlägt, kann letztlich fatale Auswirkungen haben – beispielsweise eine lebenslange finanzielle Abhängigkeit von Männern, entweder dem eigenen oder den Männern der großen Politik, die Mildtätigkeit für Frauen und Alleinerziehende verteilen, leben zu müssen. Ebenso schlagen sich diese frühen Entscheidungen in potenzieller Armut im Alter nieder. Altersarmut ist eine Problematik, die vor allem für Frauen von Relevanz ist und für sie real wird. Lange Auszeiten, Zuverdienste, die nicht sozialversicherungspflichtig sind, all dies betrifft vor allem Frauen und schreibt damit eine Erwerbsbiographie, die kaum eine auskömmliche Rente einbringen. Ebenso bedeutet finanzielle Abhängigkeit auch häufig eine Einschränkung der Möglichkeit, eigene Entscheidungen treffen und selbstbestimmte Entwicklungsschritte im eigenen Leben gehen zu können. Denn, machen wir uns nichts vor: Freiheit hängt eben fast immer auch mit finanzieller Freiheit zusammen. Deshalb ist es umso wichtiger, dass Frauen ihr Leben selbst in die Hand nehmen und gestalten.

Dabei ist es unerlässlich, dass wir uns dieses hart erkämpfte, mehr oder weniger selbstbestimmte Leben nicht durch Angriffe, wie der Reinterpretation der modernen Frau als Gebärmaschine, streitig machen lassen, wie manche konservative Autoren wie beispielsweise Frank Schirrmacher dies versuchen. Der vielbemühte (noch) sozialdemokratische Banker Thilo Sarrazin stößt in dasselbe Horn. Er sieht in der Überalterung der Gesellschaft hauptsächlich die Weigerung von Akademikerinnen, schwanger zu werden. Deutschland bekommt zu wenig Kinder, Deutschland stirbt aus, Frauen geht endlich wieder euren natürlich Bestimmungen nach, lasst das Arbeiten sein und reproduziert euch! „Wenn wir die Frauen nicht mehr gesetzlich oder mittels körperlicher Gewalt an Heim und Herd zwingen können, vielleicht gelingt es mit der heroischen ´Nur-Ihr-könnt-uns-retten-Masche?"`, werden sich da wohl ein paar Konservative gedacht haben. „Zwingen wir die Frauen wieder zur Selbstaufgabe, indem wir ihnen den Fortbestand der westlichen Welt aufbürden." Darauf fallen wir nicht mehr herein, meine Herrn! Wenn es ihnen gefällt, ist das weibliche Geschlecht morgen nicht mehr einzige Hoffnung, sondern Untergang des Abendlandes. Lasst uns nicht mehr länger Spielball von männlichen Untergangs-Phantasien sein. „Mein Bauch gehört mir" gilt heute wie damals.

Um diese Selbstbestimmung nicht nur Frauen, sondern vor allem auch Müttern angedeihen zu lassen, benötigen wir politisch und gesellschaftlich noch einigen Umbau. Denn tatsächlich ist es zur Zeit häufig so, dass die Freiheiten, die sich Frauen über Jahrhunderte so mühsam erkämpft haben, in Deutschland schlagartig mit dem Zeitpunkt enden, in dem eine Frau zur Mutter wird. Mein SPD-Ortsverein beispielsweise hat jahre-, wenn nicht jahrzehntelang Rosen zum Muttertag verteilt, der Weltfrauentag jedoch wurde nicht gefeiert. So ärgerlich es ist, Frauenpolitik ist eben immer doch auch ein großes Stück Familienpolitik. So wird das Angebot der Kinderbetreuung zu einer der zentralen Fragen im Kampf für ein selbstbestimmtes Leben von Frauen. Und dabei bedeutet Kinderbetreuung immer reale Kinderbetreuung. Die Möglichkeit, die eigenen Kinder für drei Stunden am Tag in einer 30 Kilometer entfernten Kindertagesstätte unterzubringen, wird kaum einer Mutter dabei helfen, vollzeiterwerbstätig zu sein.

Die Tragik vieler neokonservativer Bücher, die die gewonnene Freiheit von Frauen, ihr Leben weitestgehend selbst gestalten zu können, madig machen, liegt unter anderem darin, dass Frauen und Mädchen auch dann zu ihres eigenen Glückes Schmiedin gemacht werden, wenn dies die gegebenen Umstände gar nicht hergeben. Frauendiskriminierung, die strukturell in unserer Gesellschaft angelegt ist, wird zum individuellen Problem umdefiniert. Ein solcher Individualismus und Persuite of Happiness ist es, der gerade bei gut ausgebildeten jungen Frauen zu dem Wunsch nach der Perfektionierung des eigenen Lebensmodells führt. Die perfekte Mutter, die perfekte Partnerin, die perfekte Führungskraft. Wenn in einem dieser Lebensbereiche mit Schwierigkeiten zu kämpfen sind, wird dies oftmals nicht als gesellschaftlicher Missstand erkannt, sondern auf einem rein individuellen Level behandelt. Mit Glücksratgebern oder Lebensweisheiten wird der Druck auf die Einzelne weiter verstärkt und von gesellschaftlichen Entwicklungen abgelenkt. Gleichwohl kann frau auch in ihrem Alltag Freiräume erkämpfen. Für ein selbstbestimmtes Leben müssen Frauen vieles lernen – unter anderem auch, nicht in die Perfektionierungs-Falle zu tappen. Präsentation nicht ganz fertig geworden, so what, dann wird halt improvisiert. Kuchen zum Kindergeburtstag nicht selbstgebacken, na und? Ich hab echt besseres zu tun. Ich soll einen Vortrag halten, kann ich das überhaupt? Sowas würde sich ein Mann niemals fragen. Perfektionismus ist ein Fluch, der vielen Frauen schon von klein auf antrainiert wird.

Selbstbestimmt zu leben ist der Grundpfeiler der Emanzipation. Dazu gehören für Frauen sowohl die eigene Erwerbsarbeit – und damit eine gewisse finanzielle Unabhängigkeit – als auch die Freiheit, sich für oder gegen Mutterschaft zu entscheiden. Wichtig ist es dabei für Frauen zu erkennen, dass ein selbstbestimmtes Leben nicht nur in den eigenen vier Wänden erstritten werden kann, sondern die Übertragung der eigenen Verhältnisse in einen gesamtgesellschaftlichen Kontext nötig ist. Für ein wirklich selbstbestimmtes Leben von Frauen müssen auch gesellschaftliche Strukturen verändert werden.

Was nun? Was tun?

Schauen wir uns all diese Baustellen an, an denen noch gearbeitet werden muss, dann liegt noch ganz schön viel im Argen bis der Feminismus wirklich abdanken kann. Also liebe Damen, was tun? Eine neue, eine politische Frauenbewegung muss her. Eine Frauenbewegung, die alle Frauen mitnimmt, und nicht in einem Elite-Feminismus verharrt. Eine Frauenbewegung, in der sich Frauen miteinander und in ihren Problemen solidarisch zeigen, und nicht im Kampf um die „besseren" und „richtigeren" feministischen Theorien und Ansätze auseinanderdividieren lassen. Eine Frauenbewegung, die biologistisch anmutende Genetik mit Leichtigkeit dekonstruiert und nicht auf Evolutionstheorien à la „Macht liegt den Frauen nicht in den Genen" hereinfällt. Eine Frauenbewegung, die mutig die Herausforderungen und auch Schwierigkeiten annimmt, die sich mit der Forderung nach mehr Gleichstellung ergeben und zu einem freien, selbstbestimmten Leben animiert, anstatt nur auf positive Veränderungen für Frauen zu hoffen, vor dem anstrengenden „Selber machen" jedoch zurückzuschrecken. Kurzum, eine inklusive, solidarische, dekonstruktivistische, emanzipatorisch-selbstbestimmte Frauenbewegung.

Natürlich steht ein politischer Feminismus in kritischer Solidarität zu den einzelnen Netzwerken, Frauencafés, Frauenstammtischen und Blogs, die jeweils eigene Schwerpunkte setzen und unterschiedliche Themen oder Problematiken in den Mittelpunkt ihrer Betrachtungen rücken. Zusätzlich benötigen wir jedoch eine politische Klammer, eine Möglichkeit, ein Sprachrohr, das aus diffusen Ungerechtigkeitsgefühlen nicht nur ein „Das ist das Problem", sondern auch ein „So sieht unsere Lösung aus, und für diese stehen wir ein" macht. Und daher kann diese politische Bewegung nicht völlig frei von Parteipolitik sein.

Was können die ersten Schritte, die ersten Projekte einer neuen Frauenbewegung sein? Aus Erfahrung wissen wir, nichts eint so sehr wie ein gemeinsamer Feind, ein Projekt, gegen das sich Frauen unterschiedlicher Sozialisation und politischer Couleur vereinen können. Dass dies für unsere Generation der Frauenbewegung schwieriger geworden ist, da der Feind oft nicht mehr auf dem Papier zu erkennen ist, sondern sich in den Köpfen versteckt, haben wir bereits festgestellt. Dennoch ist es nicht so, dass es keine konkreten und festgeschriebenen Diskriminierungsmechanismen in der deutschen Gesetzgebung gäbe. 100 Jahre nach dem 1. Weltfrauentag und zig Kampangen zur Abschaffung des Ehegattensplittings von Organisationen unterschiedlichster politischer Gesinnung finden wir weiterhin eine Gesetzgebung zur systematischen Diskriminierung von Frauen in den Gesetzbüchern. Durch die Beibehaltung des Ehegattensplittings, die abgeleitete Versicherung der Ehegattin/des Ehegatten und ähnlicher Instrumentarien werden Anreize zur Erwerbsarbeit insbesondere von Frauen vernichtet. Die Herabwürdigung von Frauenerwerbstätigkeit als Zuverdienst und kleines Taschengeld für die Familie ist völlig veraltet. Dazu fördert und verstärkt dieses Modell die Lohnunterschiede zwischen Männern und Frauen. Denn das Ehegattensplitting rechnet sich vor allem dann, wenn eine große Lohndifferenz zwischen den Ehepartnern besteht und bestärkt zusätzlich Personalchefs/-chefinnen in ihrem Bild, dass eine Frau mit Kindern nur mitverdient, wohingegen ein Mann mit Familie diese ernähren muss. Dies spiegelt sich in den Gehältern deutlich wider.

Trotz aller anders lautender Parteitagsbeschlüsse und Beteuerungen hat auch die SPD an dieser Stelle noch enormen Nachholbedarf. Nach dem Parteitag im Sommer 2009 und der grandios verlorenen Europawahl sollte ein Ruck durch die sozialdemokratische Partei gehen. Mehr Mitbestimmung war bereits gefordert worden, zur Bundestagswahl sollte alles anders werden. Dennoch, nach der ersten Forderung der Aufnahme der Abschaffung des Ehegatten-Splittings ins Wahlprogramm zuckten die grauen Herren auf der Bühne zusammen. Später im Gespräch schlug Frank-Walter Steinmeier den jungen Damen vor, die Abschaffung des Ehegattensplittings erst wieder zu fordern, wenn er nicht mehr Kanzlerkandidat sei. So lange mit der Forderung nach Geschlechtergerechtigkeit noch Wahlen verloren werden und so lange dies Sozialdemokraten davon abhält, die längst überfälligen Schritte in Richtung der Überwindung einer männlichen Gesellschaft zu gehen, so lange müssen wir nicht darüber nachdenken, ob Gleichberechtigung zwischen Männern und Frauen in Deutschland vielleicht bereits erreicht wurde.

Viel zu schnell werden bestehende Strukturen anerkannt und als unveränderlich dargestellt. Oder schlimmer noch, gar nicht erst als diskriminierend oder ungerecht identifiziert, wie oben bereits angesprochen. So lange allerdings die geringere Bezahlung von typischen Frauenberufen in der Pflege- oder im Einzelhandel nicht in Frage gestellt werden, kann sich an diesen auch nichts ändern. Jahrzehnte lang wurde von einer besonderen Fähigkeit von Frauen für Kochen, Waschen und Pflegearbeit ausgegangen. Über Generationen hatte sich die Vorstellung in den Köpfen festgesetzt, dass Kinder nur dann wohl geraten, wenn sich ihre Mutter aufopferungsvoll, ausschließlich und rund um die Uhr um sie kümmern und sie umsorgen. Dass dies auch anders geht und dass weder fremdbetreute Kinder allesamt missraten noch die Eigenpflege der Brut ein Garant für ihren Erfolg darstellt, wurde erst in den letzten Jahren allmählich akzeptiert.

Noch im Jahre 2001 schrieb die bekannte Zeit-Redakteurin Susanne Gaschke in der Festschrift für Inge Wettig-Danielmeier: „Ins Kanzleramt kann man ebenso wenig hineinquotiert werden wie in den Aufsichtsrat von Daimler-Chrysler." Keine zehn Jahre später kommt dieser Satz einem mehr als überholt vor. Nicht in den Aufsichtsrat quotiert werden? Warum soll das denn nicht gehen? Schweden und Norwegen machen es erfolgreich vor, auch bei uns in Deutschland wird seit ein paar Jahren intensiv darüber diskutiert und die SPD hat sich auf ihrem Parteitag in Berlin für eine gesetzliche Frauenquote in Aufsichtsräten ausgesprochen. Und doch kam uns diese Vorstellung Anfang des Millenniums noch völlig absurd vor.

Viele Menschen behaupten beispielsweise weiterhin standhaft, Texte, in denen sowohl weibliche als auch männliche Form verwendet werden, wären schlecht zu lesen. Das Binnen „I" oder der GenderGap störe den Lesefluss. Auch dies lässt sich wohl mit (schlechter) Gewohnheit erklären. Leserinnen und Leser, die häufiger entsprechend geänderte Texte oder Artikel lesen, fühlen sich, im Gegenteil, höchstens in ihrem Lesefluss gestört, wenn wir auf nicht geschlechtsneutralisierte Worte treffen. Was lernen wir daraus? Was heute noch als naturgesetzliche Rollenaufteilung gilt, kann schon bald als das entlarvt werden, was es ist: eine sozial konstruierte Wirklichkeit. Also, stellen wir in Frage was uns in Frage stellt.

Spitzenpositionen können nicht quotiert werden – warum nicht? Männer können nicht gesetzlich zum Vaterschaftsurlaub verpflichtet werden – warum nicht? Direktmandate können nicht nach Quote vergeben werden – warum nicht? Typische Frauenberufe können nicht gesetzlich den typischen Männerberufen finanziell gleichgestellt werden – warum nicht? Das Ehegatten-Splitting kann, trotz anders lautender Beschlüsse der SPD, nicht abgeschafft werden – warum nicht, Frank-Walter Steinmeier? Also, tun wir uns zusammen und kämpfen gemeinsam gegen zu wenig Kinderbetreuungsplätze, gegen das Ehegattensplitting, für ein Gesetz zur Entgeldgleichheit und für eine gesetzliche Quote in der Wirtschaft.

Wichtig ist es für Feministinnen und Feministen, uns immer wieder bewusst zu machen: Frauendiskriminierung wächst sich nicht einfach aus. Dem Trugschluss, oder der Hoffnung, dass wir ja auf dem richtigen Weg sind und entsprechend ganz zwangsläufig in absehbarer Zeit Frauen nicht mehr nur in der zweiten, sondern bald wie selbstverständlich in der ersten Reihe stehen werden, sind schon viele Feministinnen aufgesessen.

Auch die Alpha-Mädchen schreiben in ihrem Buch: „Wenn die Kinder unser Familienmodell mit einer berufstätigen Mutter und einem liebvollen Vater als selbstverständlich kennenlernen und später selbst wieder wählen, würde die Emanzipation von Mann und Frau, Mutter und Vater in den nächsten Generationen zum Selbstläufer". So verlockend diese Vorstellung ist, bleibt meine Befürchtung, dass die Emanzipation der Frau nie so einfach zum Selbstläufer werden wird. Denn Lebensentscheidungen sind eben nicht nur individuell bedingt. Sie werden immer in einer bestimmten Gesellschaft ausgeführt. Diese allein durch gute Erziehung und Vorbild-Funktionen von einzelnen Männern und Frauen ändern zu wollen, ist genauso naiv wie unverantwortlich.

Viele starke Frauen haben gezeigt, dass, entgegen Behauptungen von beispielsweise Alice Schwarzer, die Frauenbewegung sehr wohl eine politische Heimat hat: die Sozialdemokratie. Sorgen wir dafür, dass der Feminismus in uns auch eine politische Zukunft hat. Dafür muss endlich Schluss sein, an die Wandlung innerhalb der Gesellschaft nur zu appellieren. Wenn wir fordern, es müssen endlich mehr Frauen in Führungspositionen kommen, nickt sogar die deutsche Wirtschaft. Passieren tut aber trotzdem nichts. Dafür müssen wir lauter sein bis Mann uns nicht mehr überhören kann, mutiger in unseren Forderungen, unbarmherziger, wenn uns nur Krümel zugeworfen werden, wir aber doch endlich an den Kuchen wollen. Dafür muss Schluss damit sein, dass sich Frauen als ewige Stellvertreterinnen in der zweiten Reihe verstecken. Überlassen wir den Bewusstseinswandel nicht den Gremien mit den alten, grauhaarigen Männern. Wir müssen selbst aktiv werden, Partei ergreifen, und die Transformation unserer Gesellschaft in eine geschlechtergerechte Gesellschaft endlich konsequent angehen.

Es ist besser geworden, keine Frage, aber ist es nun *gut*? Nein, gut ist es noch lange nicht. 100 Jahre Weltfrauentag haben uns gelehrt, das Gute fällt uns nicht einfach in den Schoß. Dafür müssen wir kämpfen, dafür lohnt es sich zu kämpfen. Deshalb bleibe ich vorerst Feministin.

Gleichstellung jetzt!

Inge Wettig-Danielmeier und Katharina Oerder

Wir haben seit dem Anfang feministischer Bewegungen viel erreicht. Frauen sind heute freier und selbstbewusster als je zuvor. Meilensteine in der feministischen Bewegung, wie das Frauenwahlrecht, die Änderungen zum Abtreibungsrecht, die freie Berufswahl oder die Einführung der Frauenquote in der Politik, haben das Leben von Frauen nachhaltig beeinflusst. Aber gleichzeitig bleibt, wie wir beide in unseren Ausführungen festgestellt haben, noch viel zu tun. In einer gleichgerechten Gesellschaft ist Deutschland auch 100 Jahre nach dem 1. internationalen Frauentag, dem Weltfrauentag, nicht angekommen.

„Gerechtigkeit gründet in der gleichen Würde aller Menschen. Sie verlangt gleiche Freiheit, Gleichheit vor dem Gesetz, gleiche Chancen der politischen und sozialen Teilhabe und der sozialen Sicherung. Sie verlangt die gesellschaftliche Gleichheit von Mann und Frau."

Aber die Welt ist immer noch gespalten in eine männliche und eine weibliche. Diese Spaltung wollen wir überwinden, diese Spaltung müssen wir überwinden. „Der rechtlichen Gleichstellung muss die gesellschaftliche folgen. Dies bedeutet nicht die Integration der Frau in eine Männerwelt, sondern die Umgestaltung der Gesellschaft." So sieht es das Berliner Grundsatzprogramm der SPD von 1989, daran wollen wir auch heute festhalten.

Dreh- und Angelpunkt für eine Umgestaltung der Gesellschaft ist die Arbeit, die Erwerbsarbeit! Denn diese stellt die Unabhängigkeit des Individuums von anderen

Versorgern sicher. Sie macht Frauen selbstständig und ermöglicht eine tatsächliche Partizipation an der Gesellschaft. Denn über das Erwerbseinkommen hinaus kann Arbeit sinnstiftend, strukturierend und statusgebend sein. Jede Frau hat das Recht auf Arbeit, und sie sollte es auch in Anspruch nehmen (und in Anspruch nehmen können).

Bisher werden viele, hervorragend ausgebildete junge Frauen von fehlenden Kitas, langen Arbeitszeiten, übermäßiger Anwesenheitskultur und dem Anspruch ständiger Verfügbarkeit vom Arbeitsmarkt ausgeschlossen. Dies verhindert, dass Männer und Frauen gleichberechtigt am Arbeitsmarkt teilhaben können. Damit dies möglich ist, müssen einige entscheidende Änderungen passieren.

Dazu gehört eine verlässliche und umfassende Kinderbetreuung, als Ort der sozialen Erfahrung und als Bildungsstätte. Frauen brauchen einen Anspruch auf einen Kitaplatz, der nicht abhängig ist von gegenwärtiger Berufstätigkeit oder Familienstand. Deshalb ist der Ausbau der Kindertagesstätten und der Ganztagsschulen vorrangig, damit Frauen nicht länger auf die ewige Karrierefalle „Teilzeitarbeit" angewiesen sind. Frauen brauchen Aufstiegschancen und eine gerechte Bezahlung. Wir sind gegenwärtig eines der am wenigsten emanzipierten Länder Europas.

Deshalb müssen die Minijobs (geringfügige Beschäftigung ohne soziale Sicherung) abgeschafft werden, damit Frauen nicht länger auf die Rolle der ewigen „Dazu-Verdienerin" ohne eigene soziale Absicherung festgelegt werden. Deshalb muss zum Beispiel das Ehegattensplitting abgeschafft werden, das Frauen noch immer an den Herd bindet. Deshalb ist der gesetzliche

Mindestlohn für alle notwendig, damit in Service- und Dienstleistungsberufen, in denen vor allem Frauen arbeiten, endlich ein Lohn gezahlt wird, von dem Frauen und Familien auch leben können. Deshalb muss es gleiche Weiterbildungsmöglichkeiten für Mitarbeiter und Mitarbeiterinnen in Betrieben geben. Deshalb müssen Spitzenpositionen in der Wirtschaft quotiert werden, damit Frauen den Betriebsablauf endlich sichtbar beeinflussen können.

All diese Maßnahmen sind notwendig, um die vielen ungenutzten Potenziale von Frauen, die als Wirtschaftsingenieurinnen Hausfrau spielen oder als ausgebildete Ärztin acht Stunden die Woche in einem Reisebüro jobben, nutzbar zu machen. Der Staat darf die Gleichstellung von Männern und Frauen nicht länger blockieren, sondern muss sie in seinem ureigenen Interesse fördern. Unternehmen mit Vorständen in denen auch Frauen arbeiten haben höhere Gewinne eingefahren und sind besser durch die Wirtschaftskrise gekommen. Dass die schwarz-gelbe Bundesregierung einen Vorstoß ihrer eigenen Arbeitsministerin zu Quoten in der Wirtschaft Anfang 2011 wieder gebremst hat, ist nicht nur aus gleichstellungspolitischer, sondern auch aus wirtschaftspolitischer Perspektive ein Schaden.

Die Stellung im Arbeitsleben hat weitreichende Auswirkung auf das Familienleben und umgekehrt. Der Rückzug der Frauen in eine vermeintliche Familienidylle schadet Eltern und Kindern. Wir wollen nicht alle gleich machen, aber wir müssen allen gleiche Chancen eröffnen, ohne gesellschaftliche Hemmnisse und Vorurteile. Auch Männer sind für Familie und Haushalt verantwortlich. Gleichstellung geht nur über Partizipation. Daran müssen Frauen und Männer gemeinsam arbeiten.

All diese Maßnahmen umzusetzen bedarf einer großen Bildungs- und Überzeugungsarbeit. Deshalb ist es notwendig, dass alle Feministinnen an dem Ziel arbeiten und sich mit ihren Schwerpunkten beteiligen. Dazu wollen wir aufrufen. Lasst uns 100 Jahre nach dem 1. Internationalen Frauentag endlich die Gleichstellung von Mann und Frau verwirklichen.